社会学前沿问题论丛
SOCIAL STUDIES FRONTIER ISSUES

白领移民
社会信心研究
——基于上海市的实证调查

丛玉飞 ○ 著

STUDY ON SOCIAL CONFIDENCE OF
WHITE-COLLAR MIGRANTS
——Based on the Empirical Investigation in Shanghai

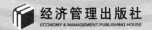

经济管理出版社
ECONOMY & MANAGEMENT PUBLISHING HOUSE

图书在版编目（CIP）数据

白领移民社会信心研究——基于上海市的实证调查/丛玉飞著．—北京：经济管理
出版社，2018.4

ISBN 978 – 7 – 5096 – 5737 – 9

Ⅰ．①白⋯　Ⅱ．①丛⋯　Ⅲ．①中等资产阶级—研究—上海　Ⅳ．①D675.1

中国版本图书馆 CIP 数据核字（2018）第 066032 号

组稿编辑：王光艳
责任编辑：许　兵
责任印制：黄章平
责任校对：赵天宇

出版发行：经济管理出版社
　　　　　（北京市海淀区北蜂窝 8 号中雅大厦 A 座 11 层　　100038）
网　　址：www. E – mp. com. cn
电　　话：（010）51915602
印　　刷：北京玺诚印务有限公司
经　　销：新华书店
开　　本：720mm×1000mm/16
印　　张：12.25
字　　数：220 千字
版　　次：2018 年 8 月第 1 版　　2018 年 8 月第 1 次印刷
书　　号：ISBN 978 – 7 – 5096 – 5737 – 9
定　　价：58.00 元

目　　录

第一章

导　论

第一节　研究缘起

"移民时代已经到来"（吉登斯，2003：330），吉登斯的预判一定程度表明移民现象已具有全球化特点，移民问题已成为世界性的问题。其实早在1993年，斯蒂芬·卡斯特（Stephen Castles）和马克·米勒（Mark J. Miller）就曾提出类似观点：从20世纪末到21世纪初叶是"国际移民的时代"，全球化、加速化、多样化和女性化是国际移民的主要趋势（转引自李明欢，2000）。学者们的预测虽说是针对国际移民所做出的判断，但隐含的移民特质已昭然若揭，管窥方今世界之势，移民已是无法抗拒的潮流。

总而言之，移民运动在整个人类社会的发展过程中是一个普遍现象，人类社会的发展历史就是一部生动的移民史。人类发展的历史证实，大规模的人口迁移和民族迁徙运动在古今中外的移民史上屡见不鲜，历史长河中的移民问题从来都不是单一易控的简单问题，任何移民现象无不与国家政策的重大变更或社会结构的深层变革存在着千丝万缕的关联，如若处理失当，必将威胁到国家的发展和社会的进步。

这一问题的严重性西方社会早有认知，1993年，联合国人口基金会年度报告就指出，西方对21世纪全球出现的移民潮有着强烈的忧患意识：世界各地人口以空前的规模迁移，如此状况下的流动可能会超出我们的应付能力，迁移可能成为我们时代的人类危险（转引自李明欢，2000）。国内有学者曾言，在全球化的快速推进之下，各种大规模工程的建设以及生态环境恶化，国际及国内的人员流动和移民数量日益频繁和壮大，与之相关的众多移民问题也随之凸显，这使得移民问题成为学术研究的显学（覃明兴，2005）。由此可见，世界范围内的移民现象以及其所衍生的社会问题已引起普遍的关注，对于中国的研究者而言，如何对待和处理则需把广阔的研究视野纳入现实社会的发展过程中去推演求索。

20世纪90年代以来，随着中国经济和社会的蓬勃发展，城市化和现代化进程不断向前推进，"都市梦"成为多数中国人普遍的梦想，随之人口的迁移和流动大有愈演愈烈之势，特别是1992年邓小平"南方谈话"之后，建设国际化和现代化大都市是沿海一些大城市所要重点实现的战略目标，受此影响，沿海发达地区的大中城市快速成为数以千万计的国内人才、国际精英及各种类型的劳动力首选迁移之地，由此引致频繁而多样化的移民潮相继出现，这种现象在"北上广"一线大都市体现得尤为明显。据统计，新移民的数量在全国大中城市所占的比重越来越大，其中以北京、上海和深圳三个城市为最，新移民所占常住人口比例分别是1/4、1/3和2/3左右（雷开春，2011）。

近代上海市是一座移民城市，尤其是一座"主弱客强"的移民城市，可以说没有大量的移民来沪杂处，就没有近代意义上的上海（刘玉照，2000）。无独有偶，当代上海所蕴含的"移民性"则更为突出，作为移民城市，上海城市活力的主要表现之一正在于它的人口开放性。来自四面八方的各式各样的外来人口，以上海为中心汇聚到一起，既为上海市增添了生机与活力，也给城市发展带来了诸多挑战。

具体说来，一方面，成千上万的外来人口怀揣梦想源源不断地涌入都市寻求生路和机遇，他们带来了资金、技术、才智和廉价的劳动力，为城市的经济繁荣创造了条件，在不断地磨合与适应的过程中逐渐在城市定居或有长期居留的意愿，成为城市可持续发展的强大动力；另一方面，外来人口的持续迁入顺应了城市化发展的需要，城市最大限度地吸纳和鼓励各类人群的加入，空前的社会流动性与社会开放性为人们提供了各种实现梦想的可能。众多"寻梦者"就是在这样的背景下实现了自己的梦想，走上了成功发展之路，对他们来说，都市的魅力也正在于此。

上海市是移民城市的突出代表，更是名副其实的"白领之都"，白领移民作为外来移民群体的重要组成部分，是实施人才开发战略和推动城市可持续发展的中坚力量，其作用举足轻重。众多数据显示，当前中国白领移民群体的数量、规模和影响均呈逐年递增之势。据初步估算，1992年以后进入城市的白领移民有

1.8 亿~2 亿人，城市白领移民的主体很大一部分是异地创业或就业的大专以上毕业生，2004 年以后每年约有 200 万人口涌入城市（张文宏、雷开春，2008）；2006 年国家统计局的数据显示，城市中从事白领职业的新移民数量约 3000 万人。

同时，伴随着经济的全球化、社会的多元化、竞争的激烈化，对于生活于上海市这座瞬息万变的大都市白领移民来说，他们能清楚地感知到生活中诸多压力的重负及不可预知的风险。众多研究者的实验和铺天盖地的媒体报道都能发现这一事实：城市生活压力和心理健康之间确实存在着密切关联（秦雪，2013）。例如，无以复加的工作压力、经济收支的严重失衡、不断飙升的房价物价、纷繁复杂的人际关系等，所有这些让他们所承受的精神压力不堪负载。"压力山大"成了都市白领借以自嘲的流行语，"有压力时觉得累，没压力时觉得可怕"，"加班压力大，不加班压力更大"，诸如此类的畸形心态甚嚣尘上。据报道显示：中国内地上班族在过去一年内所承受的压力，位列全球第一。在全球 80 个国家和地区的 1.6 万名职场人士中，认为压力高于去年的，中国内地占 75%，中国香港地区占 55%，分列第一和第四，都大大超出全球的平均值 48%。其中，上海、北京分别以 80%、67% 排在这一调查结果城市排名的前列（中国新闻周刊，2012）。

更为突出的是，上海城市规模庞大、精英云集、竞争激烈、生活节奏加速度等客观环境条件不断加剧压力发酵，而且外界施加的压力往往不是骤然而至的一次性的"巨砾式"打击，经常是缓慢的、持续的、不可预见的"细砾式"压力，压力的这种聚沙成塔的作用形式，极其符合当前很多都市白领的工作状态。在此情况下，当压力过大超越他们的身心承受范围，而又找不到适当合理的疏散途径时，他们的身心健康必会受到不良甚至是毁灭性的影响。有报道显示，在"北上广"等一线城市工作的都市白领，高达 70% 的人正处于亚健康状态，经常表现为精神抑郁、恶语交流、心烦气躁、无心工作等心理状态，这被统称为"白领综合征"，更有甚者，则会因之产生猝死、自杀或者极端的恶性行为等现象，如若任其发展前景堪忧。

这就使我们不得不对这一群体给予高度关注。总体而言，上海白领移民群体是新时代的产物，也具有上海移民文化的深刻烙印；有着鲜明的风格，也有着复杂的结构；有着让人羡慕和追求的美好生活，也有着不为人知的困惑和忧愁（陈映芳，2003）。从当前白领移民的成长现状来看，进入现代都市环境的现代白领移民实际上已经处于一个无所不在的压力世界当中，压力感已经成为白领移民生活中排泄不了的结石。表面光鲜的背后是白领们日积月累的压力、焦虑与愤懑的社会事实，众多白领身不由己地从白领沦为"白奴"似乎已成常态，由此必会引致白领移民群体社会信心的上下浮动。

学者的担忧不无道理，"如果公众信心逆向发展，就会形成负向集体意识的积蓄，引导不及时则会酿成社会结构性怨恨心态"（朱力，2013）。而不同于一般群体的是，白领移民相对而言学历层次更高，在城市化、市民化的意愿和行为选择上更明显，具有更高的生活预期与更强的维权意识。这些矛盾的特性汇聚在一起，决定了当前情境下白领移民的心理波动更突出，行为反应更剧烈，这将直接影响到整个社会的发展和进步。因此，白领移民的这种变动心态亟须引起整个社会的高度重视。

所以，准确把握白领移民群体社会信心变化的趋向，进而及时采取有效措施加以应对，把不利因素和消极影响扼杀在萌芽状态，对于促进社会各阶层的和谐互动、防止群体恶性事件的发生、避免社会矛盾和冲突、维护社会稳定来说至关重要。对于社会矛盾和社会冲突问题的研究，李培林（2005）认为存在两种视角：一种是目前多数研究的思路，即从冲突事件的结果去进行追因研究——事后的研究；另一种视角往往被忽视，即从主观意识和行为倾向去进行追果研究——事前的研究。基于此，本研究侧重于采用往往被研究者所忽视的"事前研究"的观察视角，即以白领移民社会信心作为研究主题，这对于当前白领移民心态状况的把握及后发效应的控制，所具有的价值与意义毋庸置疑。

白领移民研究是移民研究的一部分，单从移民研究来看，不仅具有悠久的历史，还具有独特的领域特征，并不乏研究成果。莱文斯坦（E. G. Ravenstein）是公认的研究移民及其规律的奠基者，他1885年发表的《移民的规律》一文，可以说开创了该领域"一般性研究"的先河（文军，2004）。20世纪西方关于国际移民问题的著述颇多，有关理论涉及经济发展、社会传统、地理环境、人口构成、价值取向、心理素质等多重因素。来自社会学、人类学、历史学、经济学、地理学、政治学等不同学科的学者，积极参与到国际移民理论研究之中，展现了多方位、多学科互相借鉴、共同探讨的多样路径与多元构架（李明欢，2000）。但不得不承认的是，社会学家在最近几十年里才对移民现象真正产生强烈关注和研究兴趣。已有移民理论将有助于本研究更准确而有效地在移民研究的话语体系内进行对话和深入探讨。

还应注意的是，移民研究和社会流动研究都是当今社会学研究领域中的重要论题，虽然它们是两种不同类型的社会现象，社会学界的研究者们往往也区分为不同的专题领域，但当今在中国社会急剧变迁的过程中，移民运动和社会流动模式具有特殊性，两者是交错融合、密切相关的，因而，在研究中，我们把这两种现象放在一起加以讨论（李春玲，2007）。

如其所言，本书对于白领移民的研究需借鉴社会流动领域的研究成果，以整合的视角把两者放在一起加以探讨。如果从社会流动领域的研究成果来看，近些年众多研究者对我国人口迁移和流动进行了卓有成效的跨学科、多视角的深入探索，大量的研究成果得以涌现。而且，20世纪80年代中期以后，随着改革开放的大幅推进，人口迁移和流动领域各种现实问题的涌现，使得这一领域的研究也备受关注。

杨云彦（1998）在研究中指出，我国迁移研究的主要内容包括三方面：一是对有关全国人口迁移的过程、状况、流向及特征、迁移的理论与方法等进行的综合研究，二是对暂住人口、人口流动、"民工潮"等领域的独立研究，三是对生态移民、库区移民、开发移民、跨国迁移等的专题研究（转引自雷开春，2008）。

由此可见，中国社会所发生的大规模人口流动现象是众多社会学界研究者开展移民问题研究的重要来源，而且内部的城乡移民问题，尤其是处于社会底层的移民群体（如农民工、进城失地农民、工程移民等）更受学界及学者们关注，而城市新移民问题仍是社会学研究领域一个较为全新的领域，特别是白领移民相关问题的研究一直未能真正进入学者们的研究视野。

必须承认，"上海新移民"在我们的生活中以及在许多媒体报道和文学作品中，早已不是一个新鲜的话题。但它还一直没有真正进入我们的社会科学的话语系统。在大量的研究课题和调查报告、学术论文中，这个群体多被划入"外来流动人口""外来投资者"及"外来人才"等之类，有关他们的问题往往被设置在人力资源开发、城市化及城市发展规划等宏观的叙事框架中（陈映芳，2003）。学者在对国外移民研究进行评析时说，"大部分移民研究只把劳动力的迁徙当作唯一对象，这不能不说是个缺憾"（华金·阿朗戈，2001）。

现有的白领移民研究何尝不是如此，遗留的缺憾需要我们加以弥补。一方面，应该从白领移民当前实际出发，不断拓宽理论研究视角及人文关怀，对该群体给予充分关注；另一方面，更重要的是，白领移民对城市经济社会发展不可替代的贡献，决定了白领移民群体理应及早进入学界研究的理论视野，尽快对既有研究的不足加以弥合和改进。

概而言之，虽然近些年来，诸多研究者尝试从多学科角度，对当前我国学界热切关注的移民和白领问题进行过多层次的探讨，但针对白领移民的专门的、独立的研究尚不多见。并且在以往研究中，一些较为宏观的研究视角常被学者们采用，随着移民研究的深入开展，已有研究的缺陷和不足逐渐在实际研究中显现。

综观现有的一些移民研究，城市化、市民化等相关宏观问题是学者们主要的研究倾向，但白领移民在何种社会系统下进行日常活动、群体内及群体间的互动过程及互动结果等，对诸如此类的中观及微观层面的问题学者们的研究较为薄弱。因此，学术理论关注的重心需要从已有的制度和经济社会等层面向更为深入和细致的心理层面转移，社会信心问题的研究正是这一题中应有之义。

遵循以上宗旨，本书试图深入剖析与论证上海白领移民的社会信心问题，以期能对白领移民的社会信心现象有更深刻和全面的考量，为人们解决现实生活中的社会信心问题有所助益，同时也把"社会信心"纳入社会心理学范畴，期冀能为丰富相关理论研究做出贡献。

第二节 研究主题

本研究的核心主题旨在考察白领移民群体社会信心的基本状况、影响因素和内在关系机制。研究逻辑、思路框架及分析论证等都是依此而来。

首先，基于相关文献考察，提出研究假设。根据前期访谈资料所体现的白领移民群体自身的实际情况及已有研究，对白领移民群体面临的生活压力、社会适应进行分类并量化处理为可操作化的指标。本研究基于严格的理论推演和统计方法，从社会心理学角度对社会信心进行概念界定和维度划分，尝试建构社会信心的测量指标体系。为实现正确的操作化，通过深度访谈和进一步的探索性和验证性分析，对测量工具加以修正和完善，建立由概念到指标的分析框架，为后续研究奠定必要的基础。

其次，基于所得数据，分别获悉白领移民群体生活压力、社会适应及社会信心呈现的基本态势及所反映的现实问题，并探究自变量生活压力和社会适应与因变量社会信心之间的相关关系，进而探寻白领移民群体社会信心的影响因素。

在此基础上，在生活压力与社会信心的关系之间引入社会适应作为中介变量，探讨影响白领移民社会信心形成过程中中介变量的作用，深入探究三者之间的内在关系，最终得出生活压力、社会适应和社会信心之间复杂而明晰的关系模型，这是本研究所要解决的主要问题。在这一过程中，不断对前文所提研究假设进行逐一验证，最后进行理论总结与拓展分析。

再者，基于以上研究主题，综合考虑整个研究过程，本研究主要遵循的研究思路如图1－1所示。

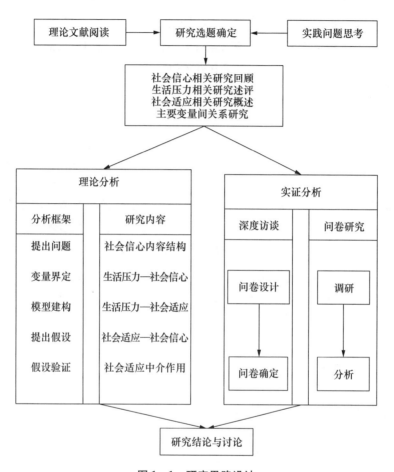

图1－1 研究思路设计

第三节 研究意义

一、理论价值

本研究深入拓展了已有社会信心问题的研究领域。例如，关于社会信心的概念界定问题，对社会信心的边界或范围问题的厘清，关于社会信心的分析维度构建问题等。本研究一方面不仅对以上问题加以明确解读，而且引入其他变量，深入探讨各变量间的内在关系。另外，与"老移民"相比，白领移民面临的生活情景和社会条件都与"老移民"迥然不同，社会信心方面所呈现的表征、特点与倾向，需要通过更新的研究加以确认和推进。本研究从白领移民群体的特殊性入手，说明该群体社会信心的形成、发展及其内在机理，尝试与当前白领研究与移民研究的一些理论成果形成对话和讨论，拓展相关研究的理论视野，进而引发对白领移民群体未来发展的再思考。

本研究成果一定程度补充了移民问题的定量研究。本书侧重运用定量分析方法对白领移民进行研究，基于上海白领移民的实际发展情况，借鉴已有相关研究，编制社会信心的实证调查问卷，系统建立测量社会信心的指标体系，为今后白领移民群体社会信心的实证研究提供有效的测量工具，研究白领移民社会信心问题，对于深刻认识和解读我国当前社会转型期移民问题的独特性具有很大助益，能够为移民研究提供新的理论参考思路与实证分析数据。同时，白领移民问题的研究可丰富和扩展传统的社会流动研究领域，而且可为社会政策与社会保障的宏观政策研究等提供新的参考与指导。

二、现实价值

为解决移民群体的社会心态及社会行为问题提供政策参考或现实依据。社会信心反映的是个人发展与社会发展之间的互动关系。邢占军（2003）认为，把握信心指数，能更好地了解社会发展的规律，个人主观能动性的发挥能一定程度缓解社会发展中出现的各种异端，以最大限度地实现社会的良性发展。白领移民作为移民与白领阶层的混合体，其矛盾性和融合性的外在表征及内在本质更为突出，所以对于白领移民社会信心状况的探讨是十分重要而必要的。

对于移入地来说，白领移民在促进移入地经济社会发展上所做出的贡献是积极而明显的，因此，如何加快白领移民与城市居民相互融合的步伐，这是摆在当前的重要政策考量，也是构建和推进和谐社会建设的重要步骤。移民政策是社会整体发展战略的重要内容，把其纳入政治、经济、社会、文化多方协调发展的战略框架之中，能够为政府有关部门深入思考如何吸引及安置移民，进而制定和完善移民服务与管理的相关社会政策提供科学的实证资料，以促进人才合理、健康、有序地社会流动。

通过对白领移民问题研究的扩展和推进实践研究。白领移民是移民群体重要的组成，随着数量和规模的日益扩大，其在移民整体中所占的比例也不断提高。有别于一般移民群体的是，白领移民的价值观念、行为方式、社会经历和生活方式等方面具有一定的独特性。这就使得该群体的社会信心问题普遍性和特殊性并存，同时对白领移民的社会信心进行相关研究，也兼具现实性和创新性。

因此，探讨白领移民的社会信心状况及其影响因素有利于我们加深对他们的生活境遇和心理状态的认知，也可帮助其他移民群体以此为参照，塑造积极的社会心态，加快融入城市主流社会。更具体来讲，在当前面临众多生活压力之下，白领移民群体社会信心问题与城市经济、社会发展以及社会稳定有密切联系，关系到都市的现代化和城市化进程。本研究是集中探讨白领移民群体潜在心理及对未来发展趋势的有益探索，从而为白领移民群体的管理提供理论和实践依据，进而促进白领移民群体健康、全面地发展。

第四节　结构安排

具体而言，本研究要解决三个问题：白领移民社会信心基本状况是怎样的？影响白领移民社会信心的因素是什么？白领移民面临的生活压力及社会适应与社会信心的关系如何？

围绕上述三个问题，本研究拟通过如下思路框架展开分析：

第一章，导论。本章阐述了研究缘起、研究主题、研究意义、结构安排，通过这些内容交代了本研究的问题背景资料和基本动机，并在此基础上对本书内容做出了整篇规划。概括而言，本章围绕的是三个问题（3W）：研究问题是什么（WHAT）？为什么研究该问题（WHY）？想怎样研究该问题（HOW）？

第二章，文献综述。本章主要分为两个部分：首先，是对关键变量的相关研究综述。本书所涉及的关键变量主要有三个：社会信心、生活压力和社会适应，针对本书后面会用到的三者的基础理论进行文献梳理，如文献集中在社会信心的使用现状、定义及测量等，对生活压力的研究历史及理论延展、概念及内容构成，社会适应的定义及构成。通过以上文献的整理，进行反思。其次，针对移民这一研究对象，对他们所面临的社会信心、生活压力及社会适应问题这三个变量间的相互关系进行梳理，主要集中于移民的生活压力和社会信心、移民生活压力和社会适应、移民社会适应和社会信心以及三者之间的关系梳理，并对已有研究的进展和不足进行总结。

第三章，社会信心：理论建构与实证研究。本章是本书的基础性研究，主要包括三方面内容：一是从社会心理学角度对社会信心的概念进行尝试性界定，并初步构建基本构成维度；二是通过深度访谈和因子分析，建立社会信心的测量工具并进行效度和信度检验；三是通过探索性分析进一步对社会信心的测量维度进行最优化处理，删减掉具有较低的信度和相关度的测量题项之后，征询相关学者和专家的意见，再次对问卷进行综合修订，最终形成问卷。

第四章，研究设计。本章分五部分：第一部分，对本书所涉及的理论背景资料进行概括性述评；第二部分，对本书研究对象的范围进行概括性的归纳和界定；第三部分，介绍本研究的抽样方法与数据来源；第四部分，对本书将要采用的统计分析方法做出详细阐释；第五部分，简要提出本书的研究假设。

第五章，数据评估分析。因为本研究属于探索性研究，所以该部分的研究也必不可少。一方面是基于所得数据，对收集的样本进行基本统计描述。另一方面是对数据进行评估分析，主要通过对探索性因子分析和验证性因子分析检验回收的样本的质量，考察其是否符合已知的特定结构，对所得数据的信度和效度进行最后检验，最大限度地保证研究过程和结果的正确性。

第六章，假设检验与研究结果分析。本章是本书的主体部分，共分为七个部分。第一部分是通过数据对白领移民社会信心、生活压力和社会适应的基本状况进行描述。第二部分采用单因素方差分析，进行方差齐性检验，并检验控制变量（包括性别、婚姻、教育程度和管理级别）对于变量是否有显著性差异。第三部分是关于白领移民生活压力、社会适应和社会信心三个变量各个构成维度之间的相关分析。第四部分将采用多元线性回归来进一步检验白领移民生活压力、社会适应和社会信心各因素之间的因果关系。第五部分是社会适应的中介检验，因前面的回归分析并未验证社会适应各构成维度是否都存在中介效应，因而，本部分继续进行验证。第六部分是通过结构方程模型继续分析中介作用，进而获得更多潜在变量之间的关系。本部分一是对各研究假设做出验证，二是对整合模型进行验证及分析，以详细探索生活压力、社会适应和社会信心内部作用的大小、方向等问题。第七部分对本书研究假设进行总结，最后进行解释和讨论。

第七章，结论与讨论。本章主要对所获得的结论做出论述和归纳，并指出研究的贡献与存在的不足，并对未来研究方向加以展望，提出了进一步研究的建议。

第二章
文献综述

第一节　关键变量相关研究述评

本章文献综述部分主要包括两大部分：一是关键变量相关研究述评，二是变量间关系相关研究回顾。本研究涉及的关键变量是三个，即社会信心、生活压力和社会适应，因本研究是以白领移民社会信心为研究主题，所以社会信心是本研究的重中之重，这一问题是本书论述的重点。在本节里面，关于社会信心的相关文献的梳理，我们会从社会信心的实际运用、含义理解、测量研究及误区反思等方面对社会信心已有研究进行概括性评述，当然，仅有这些对于社会信心研究而言是远远不够的，以此为基础，本书会在后面独立成章对社会信心问题进行深入阐释，虽然感觉前后结构有些分散，但并不矛盾，而且从研究需要而言，也是非常必要的。对于另两个关键变量生活压力和社会适应，已有的相关文献较多，但本书不可能面面俱到，所以，本节只从本研究所必须要用到生活压力和社会适应的定义及构成两方面进行集中评述，其他内容则不予论述。

一、社会信心研究现状与反思

1. 社会信心的研究现状

（1）"社会信心"的录与用。"人们对社会的信心决定了社会的稳定与和谐程度"（李瑞娥、张慧芳，2007）。近几十年来，"社会信心"一词出现频率非常高，可广见于中国各类报纸、杂志、网络、电视等新闻媒体，也频繁使用于各种场合。但《辞海》《大百科全书·心理学卷》和《大百科全书·社会学卷》都没有收录这一词条，《社会科学新辞典》（汝信主编，1988）《社会学百科词典》（袁方主编，1990）等辞书也没有收录。遍查社会学、心理学及社会心理学的众多版本教科书，都找不到该概念的内容。而且，目前文字可见的关于社会信心的研究也是乏善可陈。

可以说，社会信心是一个被普遍使用但又鲜有深究的概念，而当前中国正值改革关键期，民众社会信心直接影响改革的走向，改革实践的不断深入使社会信心研究的现实价值凸显。正如李汉林（2013）所言，在当前社会发展和社会结构转型的关键期，要像重视对经济景气的研究一样重视对社会信心的研究。所以，应尽快将社会信心纳入社会科学各学科的研究视野，弥补既有研究的不足，拓展和完善相关研究领域，实现理论与实践的相互契合。

目前我国社会科学界在涉及社会信心问题的论述中，对"社会信心"一词的使用相对比较宽泛，概括而言，主要有以下两种意义上的使用形式：

一是非学术意义上的使用。社会信心字面上的理解并不困难，人们能轻易达成共识。正因如此，很多情况下人们往往把社会信心看成是一个无须论证的日常用语，在"社会信心"一词的使用上通常会奉行"拿来主义"，如在涉及对各种社会问题、社会现象及社会发展状况等进行感知和评价时，人们仅根据约定俗成意义上的理解便可随意使用"社会信心"一词。这种做法或存在于各种日常和正式场合的交流和演讲之中，以口语的形式表达；或存在于各类评论、杂文、宣传和随笔中，以文字的形式出现。以上这些情况，研究者对社会信心概念的使用多会根据语境和行文的变化而酌情处理。

二是学术意义上的使用。这种做法主要出现在已有为数不多的关于社会信心的学术文章中，少数学者在研究社会信心这一主题时，会根据个人的理解，运用学术性话语对社会信心概念加以简单界定。大多数研究者则是在文章中，径直跳过概念的讨论进行现象化描述或功能性探讨，这些研究虽然一定程度上利于社会信心概念的传播和使用，但真正蕴含的学术意义则十分淡薄。

（2）经验化与模糊化——社会信心的理解。如前文所述，可以看出，学术意义上的社会信心研究远滞后于现实社会中实用意义上的使用。但回顾国内已有关于社会信心的研究，仍有部分学者依据自己的理解给出了社会信心不同的定义。在关注社会信心相对较早的学者之中，王丽萍认为，"社会信心反映了人们对当前和今后一段时间内整个社会的态度和意见，它不仅包括对当前和未来经济走势、收入的预期，也包括对政策的预期"（王丽萍，2007）。刘艳飞则进一步认为，"社会信心不但包括了对当前和未来经济走势、收入的预期，也包括了对当前社会保障、社会稳定、政府政策、政府能力和公信力等的预期"（刘艳飞，2009）。还有学者提出，"社会信心指人们对整个社会或其中某一领域当前或今后状况的态度和意见"（孙明霞，2009）。余瑞雪（2009）则一方面界定了社会信心，认为社会信心反映了社会公众对目前与今后一段时间内社会发展的态度和预期评价；另一方面在这一含义的基础上，指出政府信用与社会信心反映的都是社会公众对未来预期的一种基于客观事实的主观评价，可从政治、经济、社会文化的视角对政府信用与社会信心之间的关系进行剖析。

以上学者对社会信心概念的界定角度与内容颇为相似，与之有所不同，朱力认为，"社会信心也称公众信心，是指能够使公众相信某一事物（目标）未来可以实现的一种心理力量。主要是指公众对某一行动主体、某一事物、某个具体对象的一种认可、信任的心理状态以及在此基础上形成的稳定的心理期望"（朱力，2013）。还有研究者则把社会信心简要归纳为，"公众信心作为公众认同的重要方面，就是一个共同体内社会大众对公共事务予以持久认可和维护的信心"（褚松燕，2013）。李汉林（2013）认为社会信心主要是指被访者对国家的经济社会发展形势，对物价、教育、治安、食品安全、社会保障、社会公平公正、就业和社会风气等宏观层面，以及对个体的收入、住房、工作、健康、发展机会等微观方面的主观感受进行综合判断后得出的对未来发展前景的看法和预期。

对社会信心内涵的剖析离不开对信心指数的理解，所谓信心指数，研究者们认为它是以数值的形式反映出来的人们对整个社会或其中某一领域当前或今后状况的态度和意见，它常常被用于预测整个社会或社会某一领域的未来趋势（邢占军，2003；季福田，2008；熊丽娟，2008）。有学者在研究中所谈的社会信心指数，是指对整个社会以及各种社会现象和社会问题的评价和反映（王丽萍，2007）。需要特别指出的是，迄今为止，国内外关于社会信心的独立研究极少，更多的是借助信心指数的研究来体现，所以，信心指数概念的界定对于社会信心定义的提出有着重要的参考价值。

总体来看，以上学者所论及的各具差异的社会信心理解存在几点不足：

一是社会信心虽已进入学者关注的视野，但基本上是宽泛意义上的经验主义解读。"往往只是从常识和经验出发，再以现成的各门类理论基础生搬硬套一番，不可避免具有学科的狭隘性"（周丰峨、阮征宇，2003）。二是学者们对社会信心的理解缺乏统一的标准，进而导致在概念结构与内容划分上往往做模糊化处理。三是已有理解鲜有学者从学理上对社会信心概念的内涵和外延进行严格的厘清，而社会信心概念的正确界定是后续研究得以正确进行的关键前提。

因此，正因至今没有一个相对统一而能被广泛认可的社会信心概念，而这又是社会信心研究深入拓展至关重要的环节，从而导致在社会信心测量方法上的多样化，不但阻碍了社会信心实现正确操作化的进程，而且会在一定程度上使社会信心测量维度划分和指标体系构建陷入随意化困境，直接影响到测量结果及研究结论的准确性。

（3）随意化与一般化——社会信心的测量。通常认为，一个社会的发展与进步能够通过科学的标准进行度量，因此，科学的指标体系可以对一个社会的稳定和成熟程度加以衡量。学者曾做如下总结：以20世纪中期为界，之前往往采用人均收入与住房面积、GDP、婴儿死亡率、平均寿命等客观指标来度量一个社会的发展和进步；之后，诸如信心、满意度、幸福感等主观指标越来越受到研究者的重视，并且其分量和价值也越来越大（邢占军，2003）。

青连斌（2002）把信心看成是"21世纪前期中国发展的指示器"，他进一步提出，建立在各种客观条件和对事物发展趋势科学分析基础上的信心，可以对21世纪前期中国经济社会发展的趋势做出某些有根据的预测，并在研究中通过问卷调查领导干部对我国经济社会发展前景的信心，来判断21世纪前期我国经济社会发展的趋势。可见，社会信心具有独特的预测性和前瞻性，这也是社会信心被广泛关注和使用的原因之一。

在社会信心测量的问题上，虽然有研究者对于"可测量的信心"持悲观态度，但仍然认为建立初步的观测跟踪机制是非常必要的（熊鹏，2010）。投资者信心指数的构建者也认为，"仅凭局部的经验和非正式的观察很难及时、全面地掌握投资者的信心状况及其波动，只有通过广泛、系统、定期和有效的调查，才能为了解投资者对市场的态度和观点提供有价值的信息"（王黎明、杨楠、徐国祥，2011）。社会学家已意识到该问题的重要性，"在解决社会发展和社会结构转型过程中出现的问题与紧张时，因缺乏相应的监测和分析工具，我们长期以来处于一种头疼医头、脚痛医脚的被动境地。为摆脱这种被动局面，进而在社会发展的事实基础上做出正确的判断、分析与选择，对社会景气与社会信心进行持续监测与研究成为必然"（李汉林，2005）。

必须指出，信心指数与社会信心测量两者之间关联比较密切，社会信心测量维度的构建需要以信心指数研究为基础，借鉴信心指数测量的理论和方法。信心指数研究源自西方，从产生之日起便飞速发展，并快速向多领域扩散，如今已成为世界性的课题。信心指数所关注的内容主要是以经济或商业为核心的信心指数研究（如投资信心指数、贸易信心指数、股市信心指数、地产信心指数、经济复苏信心指数等）。政治信心指数研究这一领域里，哈里斯信心指数产生的影响较大，这一指数主要是民众对当政领导人的评价。随着信心指数的推广和应用，信心指数研究不断衍生出新的指数类型，如交往信心指数、职业信心指数、互联网信心指数、和平信心指数等。但总的看来，相比其他信心指数，对经济领域信心指数研究的关注度远远高于其他领域信心指数研究，而且一直以来其他领域信心指数研究大多较为分散（邢占军，2003）。

综观众多领域的信心指数，目前消费者信心指数在实践中应用最广。该指数是以消费者为调查对象，采用问卷调查的方式收集数据资料，问卷的设计一般都围绕经济发展形势、家庭收入和就业、物价水平、消费或购买意愿这几方面的内容，并由两类问题构成：对现状的看法和对未来的预期（李晓玉，2004）。陈云指出，消费者信心指数包括即期信心指数和预期信心指数两部分，反映消费者对当前物价、住宅、收入水平、就业环境、生活质量、经济运行等方面的满意程度和未来变化走势的预期（陈云，2008）。在此基础上，陈云（2008）对北京市消费者信心指数进行调查，调查的内容主要包括宏观经济环境、收入、生活质量三大方面。国家统计局经济景气中心于2008年与首都经济贸易大学合作，以国际通行办法为前提，考虑到我国的实际情况，最后合作双方从即期信心指数和预期信心指数两方面入手，确定对消费者信心指数进行考量，从社会经济发展、就业、个人收入、家庭生活质量四个类别对中国消费者信心指数进行指标体系构建，中国消费者信心指数调查研究就此拉开序幕（陈云，2008）。

比较而言，社会信心指数的研究基本上是由国内的研究机构和学者完成的。现有资料对社会信心指数提及最早的应该是20世纪90年代后期香港政策研究所对香港居民进行的信心指数调查，通过政治、经济、社会三个维度获悉香港居民的社会信心状况。该指数从1996年开始，每季度报告一次数据结果。

与之类似，北京市社会心理研究所是中国内地开始对社会信心指数进行研究探索的最早的单位。从2000年开始，该所每年进行一次对北京市民信心状况的调查，其中社会信心指数是预测北京市整体社会趋势的三大重要指标之一。

在不断推进社会信心研究的过程中，为尽快推进发展理念的实现，众多研究者进行了不懈的探索。上述做法为其他研究机构和学者提供了很好的参考，最有代表性的当数山东省委党校多次组织开展的山东省城市居民社会信心指数调查。

首次调查开始于 2002 年 11 月，从政治信心、经济信心和社会信心三个方面构建了城市居民的信心指标体系。其中社会信心指标体系采用三大类指标：第一大类反映的是城市居民对当前社会的整体信心，以及对社会发展的目标性、社会的亲和力、个人生存的难易度、社会公正性、个人在社会中发展的自由度等方面的评价；第二大类反映的是城市居民的主观生活质量状况，采用的是主观幸福感指数，包括知足充裕体验、心理健康体验、社会信心体验、成长进步体验、目标价值体验、自我接受体验、身体健康体验、心态平衡体验、人际适应体验、家庭氛围体验几方面；第三大类反映的是城市居民对一些重要的社会问题或社会现象的评价，涉及社会诚信、收入差距、社会保障、腐败现象等（邢占军，2003）。

在此基础上，山东省委党校课题组自 2003 年始连续四年对城市居民社会信心指数进行追踪调查研究，通过居民对社会总体、社会保障、社会诚信、社会公平以及社会问题等方面的总体评价得到居民的社会信心状况及发展趋势（王丽萍，2008）。所得数据为学者深入研究提供了丰富的资料，取得了一些涉及社会信心的研究成果。如季福田（2008）通过 2007 年调查数据对菏泽市城市居民社会信心指数进行分析，再如孙明霞（2009）通过 2004~2008 年数据分析了菏泽市城市居民社会信心情况，都提出了相应的建议，为政府决策提供了依据。虽然所取得的研究成果政策性意味比较强，学术性色彩比较弱，但的确在一定程度上指导和推动了社会信心研究的深入拓展。

还有学者在实证研究中把社会信心看成社会态度或社会心态的表现之一，虽然也涉及社会信心的内容，但目的是通过社会信心考察社会心态或社会态度的状况。如丁元竹（2002）根据"居民对社会经济活动各方面今后三年发展的信心度"的数据，得出了城乡居民的心态是社会和经济发展预期好于对现状的评价。王甫勤（2008）在测量新的社会阶层人士的社会态度时，其中测量内容之一是提出通过对中国八个方面的社会信心度来反映该群体的社会态度，这八个方面分别是：①成功建构和谐社会的信心；②逐步实现依法治国的信心；③成功建设社会主义新农村的信心；④经济持续快速、健康发展的信心；⑤共产党不断增强执政能力的信心；⑥腐败现象得到遏制的信心；⑦贫富差距不断缩小的信心；⑧民主党派政治参与得到较大提高的信心。

近期的社会信心研究中，较有代表性的当数 2012 年中国社会科学院社会发展研究所开展的"中国社会景气指数"和"社会信心指数"大规模问卷调查研究。主要研究者李汉林（2013）所理解的社会信心是建立在对国家经济社会发展形势，对物价、教育、社会保障等宏观层面以及对个体的收入、住房、工作、健康、发展机会等微观方面的主观感受综合判断基础上的。他们的调查数据结果显示，人们对未来的预期明显好于对现状的评判。进而指出，尽管人们对目前社会各方面状况有诸多的不满意，但是，人们对国家未来的改革与发展仍充满期望，这也间接表明社会景气和社会信心监测具有一定的实际效果和现实意义。同时，他在研究中针对该领域的调查研究提出建议，认为应按照中央和地方两个层次，对我国的社会景气与社会信心进行系统的、长时间的跟踪和研究，使我们对国家社会发展状况能做出直观清晰的判断，能动态地监测未来社会发展的趋势（李汉林，2003）。

综上所述，从已有社会信心的测量研究来看，首先，多数研究是针对具体社会问题和社会现象等的看法及总体评价，更多采用的是一般性描述分析，对社会信心深入的相关分析和因果解释不足，缺乏理论解释力。其次，实证研究多于理论探索，而且大部分研究只是引用了社会信心概念，系统性实证研究较少；再次，从现有社会信心测量研究来看，研究对象基本上是普通民众，缺少对特殊社会群体的关注，专门针对白领移民的社会信心研究尚无重要发现。最后，已有研究更多关注的是个体的主观态度和切身感受，多倾向对社会信心在当代中国社会转型过程中具体表现的描述，通常只是对现象资料累加和浅层分析，忽视了其与社会结构性因素的隐性关联，缺少对社会信心内在机制的深入挖掘，社会信心研究的理论空间和论证深度都有待扩展。

2. 社会信心研究省思

回顾社会信心研究的既有成果，总体而言，社会信心研究已初步进入学者的研究视野，其重要性已有所共识。如学者认为，它是一项反映社情民意走向的重要指标（季福田，2008），邢占军（2003）也指出，信心指数可以作为衡量社会发展状况的"晴雨表"。无数事实证明，在一个国家发展过程中，阻碍这个国家社会发展的因素，最可怕的不是困难与曲折，而是这个国家的人民对未来的发展失去信心和希望。所以，开展社会景气与社会信心研究，对于提高政府执政能力，搞好社会管理与社会建设的作用举足轻重（李汉林，2013）。相对于学者们对社会信心研究重要性在主观认识上的一致性而言，学界整体上对于该主题的研究程度却明显薄弱，而且已有研究存在着诸多不足。具体有如下表现：

第一，研究本末倒置。既有研究成果较多关注社会信心的特征、表现和作用等表层问题，而鲜有学者探究社会信心的内在本质，特别是缺少从哲学层面对社会信心的内蕴、实践生成逻辑、历史样式、系统机制、发展规律和现实嬗变等问题进行深入探索，而这恰恰是社会信心研究关键的、无法回避的研究问题。这种舍本逐末的做法不利于社会信心研究的深入推进，亟须对此进行纠正。

第二，研究广度有待扩展。社会信心研究如果仅滞留于纯粹的理论层面研究是不够的，必须从历史和社会现实中探究社会信心的深层问题。基于此，社会信心研究需要从"社会信心—人的本质—社会—历史"的多向互动关系出发，在共时态和历时态的统一中进行多视角、多维度的横向分析。但从学者们对于社会信心的研究来看，更多采用的是社会学或社会心理学视角进行现象学意义上的解释，社会信心不可避免地被简单化为一种"社会"现象，研究视域亟须拓宽。

第三，研究深度有待深入。社会信心研究理应建立在对社会发展过程中人们的生存状况、社会关系和精神文化生产等问题的诠释之上，这是其他一切相关研究得以有序推进的前提。但已有对于社会信心问题的研究，多倾向对社会信心在当代中国社会转型过程中的具体表现的描述，通常只是对现象的资料累加和浅层分析，而缺少对社会信心内在机制的纵向挖掘，并且更多的研究主要是为政府部门的社会建设及政策制定提供依据，政治色彩较浓，学术意义较弱，社会信心研究的理论空间和论证深度都需要扩展。

可见，当前已有的社会信心研究某种意义上来说是走进了误区，需要研究者们努力转变研究理念，持续关注和知晓该领域的研究进展及发展趋向，从而突破瓶颈，走出研究困境。因此，本书所进行的白领移民的社会信心研究还是一个探索性的、有待深化的研究课题。

基于已有研究及各方面的评述可发现，对于社会信心问题的研究，学者们一般性的理论论述或工作总结式的政策研究相对较多，系统、深入、科学的调查研究相对较少。同时也可看出，社会信心研究可供拓展的空间是巨大的，可以在共时态和历时态的统一中进行多角度、多层面、多领域的深入探索。进一步说，既要对社会信心研究进行批判性考察，以期消解导致社会信心溃散的消极影响，最大限度地规避因心态失衡而产生的社会风险；又要针对负面社会心理问题提出建设性意见和对策，提升社会信心研究在促进人的健康发展和社会良性运行过程中应有的作用。

二、生活压力的概念与构成回顾

1. 生活压力内涵理解

"生活压力"一词的首次出现，是在汉斯·薛利（Hans selye）的《生活的压力》这本著作之中，正是在他的影响和推动下，生活压力研究成为众多学科关注的课题，但这也导致了生活压力的定义和内涵说法不一。广义上讲，生活压力统属于压力范围，而据学者考证，压力定义至今有 300 种之多（Dobson，1982）。Lazarus 和 Folkman（1984）在综合各种压力定义后，将压力定义归纳为三种取向：刺激取向、反应取向和互动取向，以下分别说明：

第一种是刺激取向。如图 2－1 所示，这种取向把压力看成是一种环境的刺激，强调造成压力的压力源。也就是说，在环境之中产生的压力作用下，个体对于外在压力源的反应则为紧张。根据这一观点，压力是"一组原因"，此取向在于辨明各种情境的刺激，强调压力源的重要性。

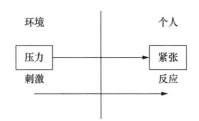

图 2－1 压力的刺激取向示意图

资料来源：施雅薇. 国中生生活压力、负向情绪调适、社会支持与忧郁情绪之关联. 台南：国立成功大学教育研究所硕士学位论文，2004。

第二种是反应取向。如图 2－2 所示，这种取向认为，压力是个体对环境刺激所产生的反应，把压力看作是一种反应状态，个体在面对外在的压力源时，在生理及心理上会相应地产生应对的反应，此反应一定程度受到个人特质和心理历程的影响。也就是说，此取向将压力反应视为压力。

第三种是互动取向。如图 2－3 所示，持此种观点的学者，他们认为前面所提的刺激取向与反应取向都并不全面，对于更为重要的个体与环境间的互动关系都没有重视。该取向认为压力是个体面对环境刺激，透过其主观的认知过程，在生理及心理上会有所反应，强调是个体和环境互动的结果。

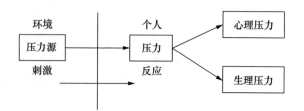

图 2-2　压力的反应取向示意图

资料来源：施雅薇. 国中生生活压力、负向情绪调适、社会支持与忧郁情绪之关联. 台南：国立成功大学教育研究所硕士学位论文，2004。

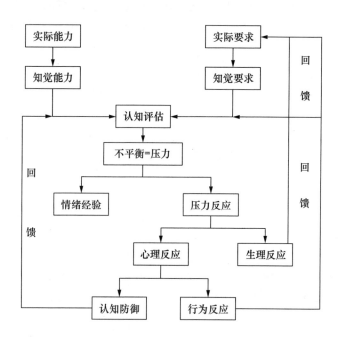

图 2-3　压力的互动取向示意图

资料来源：施雅薇. 国中生生活压力、负向情绪调适、社会支持与忧郁情绪之关联. 台南：国立成功大学教育研究所硕士学位论文，2004。

按照这一取向的理解，相同刺激下的个体，不一定会产生相同的压力反应。所以，互动取向在一定程度上整合了刺激取向与反应取向两大观点，强调个体认知评估的重要性。此种情况下，压力是指当个体面对压力源时，通过主观认知，对其加以辨识，评估和调适自己的应对能力，使之与环境要求达成平衡。

以上从压力三种研究取向对压力定义研究做了概括性阐述，由此我们会发现，压力定义的三种取向本质上并无好坏之分，均有着自身的优点和不足。可以说，这三种研究取向即使我们从宏观上对压力研究有所认知，也说明了压力定义的多样性。

但对于压力的研究随着研究者的持续关注，其研究取向也不断从单一取向转为整合取向，研究所关注的问题视域及研究方法也正逐渐对已有的研究缺陷加以弥合和改进。所以，对生活压力的界定也须在综合三个取向的基础上进行。

在上述研究的基础上，通过考察相关文献，研究者进一步把压力定义归纳为五种（Phillip，2000）：①物理学观点，这种观点倾向于把压力看成是一种外部的物理性力量。具体指能让人产生紧张心理的生活事件或环境刺激，也被称为压力源。②生理学观点，以 Selye（1956）为代表的研究者认为，压力是人体对需要或伤害侵入的一种生理防御反应。③心理学观点，认为压力是一种内部的精神挣扎、紧张、焦虑，甚至涉及感知到危险或伤害时的惊恐，强调压力是内部的紧张状态和心理阻抗。④认知观点，认为压力是个体与环境的交互作用。主要代表者 Lazarus（1985）认为前三种观念都存在一定的片面性，提出认知——交互作用的压力模式，该模式蕴含一种整合的观念，认为压力只有在环境需求超过了个人处理需求能力时才存在。⑤反应论观点，认为压力是一种对压力源的内在反应，而且是一个过程。在总结已有研究的基础上，这一观点的主要代表者 Dohrenwend（1974）提出压力反应中的五个重要因素：压力源；个体对压力源的努力；中介因素；个体对紧张情境做出的反应；压力体验。

因此，综合来看对压力的理解第五种观点更全面，也更易被研究者认可和接受，这也是本书所采用的压力内涵。按照这种观点的理解，一般来说，压力应是一个动态的过程，是每个个体感知到外界的压力后，在各种中介变量影响下做出一系列生理和心理反应的动态过程，也就是从压力源开始一直到引起个体生理或心理反应的一个动态过程。

按照张春兴（1994）的观点，压力有两种不同的表现形式：一是突发性的事件刺激，伴随个人脱离困境压力得到迅速缓解；二是当事人虽认知到生活环境中存在着对自己具有威胁的事件，但因条件限制而无法消除。因为第二种对个人造成的心理压力更符合日常生活的现实，他将这类压力称为"生活压力"，并提出生活压力应是研究者关注的重点。压力定义的丰富理解使研究者们对生活压力的定义也千差万别，无法达成一致性的看法。通过文献查阅，现将生活压力的相关定义整理成表 2 - 1。

表 2 - 1　生活压力定义

年代	学者	定义
1990	俞筱钧	压力的产生是由于一件事遭遇到阻碍，此阻碍可能是真的，或是幻想的，而阻碍之形成可能是挫折、威胁或冲突
1991	杨玉女	生活压力是人知觉到所有可能对他（她）造成威胁或使其失去平衡状态的生活事件或情境
1992	高源令	生活压力是指会激怒人，或让人忧虑、懊恼、烦躁的一些日常生活中的琐事
1993	柯永河	生活压力是由生活经验所引起的痛苦的心理经验
1997	邹浮安	生活压力是个体对生活压力源的主观感受经验
2000	陈柏龄	认为生活压力是一种刺激或一个事件，其发生会使个体失去原有的平衡状态，并刺激个体内在的适应历程，以恢复个体的平衡状态
2000	陈佳琪	认为生活压力是遭遇到与环境中一切人、事、物相关的生活事件，经由其主观认知之后，其所知觉到的困扰程度，使其生活失去平衡或产生威胁的生活事件
2002	蔡婉莉	认为生活压力是生活事件的发生及生活事件对个体的困扰程度
2005	张春兴	生活压力是由个人在面对具有威胁的刺激情境中，一时无法消除威胁脱离困境的一种被压迫的感受，如此感受经常因某些生活事件而持续存在，即演变成为生活压力

资料来源：转引自冯媛媛．高校学生生命意义感和生活压力与生活适应的关系研究．西北师范大学硕士学位论文，2009。

2. 生活压力内容构成

生活压力归根结底属于压力源的一种，已有压力源的研究相对比较多，学者从不同的角度进行了多方位的综合考察和验证。如研究者对压力源加以分类，一种分类是将压力源分为巨砾模式和细砾模式（Phillip，2000）。巨砾模式关注生活中的天灾人祸等巨大灾难对人的影响，如亲人死亡、地震等。这类事件具有突发性，巨大而难以处理。细砾模式则研究生活中的烦恼对人的影响，如抑郁、失眠等。这些事件具有经常性，表面细小易于处理，往往被忽视，但长期积累危害日增。Lazarus（1985）等认为，对成人而言，日常生活压力源主要是由生活琐事构成，可归纳为六个方面：经济支出、工作职业、身心健康、时间分配、生活环境、生活保障。另一种分类是将压力源分为躯体性的压力源（如生病）、心理性的压力源（如感到能力不足）、社会性的压力源（如家庭经济基础差）及文化性的压力源（如宗教信仰不同）四类（Taylor，1956）。Wills 和 Shiffman（1985）提出压力的三种来源：①重大生活事件；②日常生活中的问题；③持久的生活紧张（蒋桂鳗，1993）。Scudder（1982）把非自愿移民适应过程中遇到的压力细分为生理层面、心理层面和社会文化层面，而社会文化上的压力最大。

近些年，我国学者对压力源的研究，基本上是在国外学者的理论基础上加以修正。有学者按性质不同的标准将压力源分为四类（转引自朱丛书，2001）：躯体性的、心理性的、社会性的和文化性的。还有研究者通过长期的查阅概括后，将压力源整理为六大类，意欲涵盖压力源的所有方面：分别为躯体压力源、生活危机压力源、心理压力源、工作压力源、社会压力源、文化压力源。张春兴（1994）认为研究者应重点关注的生活压力一般有三个来源：生活变故、生活琐事、挫折与冲突。赵凌云（2012）在对上海青年白领的研究中，将生活压力操作化为经济压力、工作压力、家庭和情感压力。

以上对于压力源的分类，都采用经验分类方式研究压力源，虽然也有助于研究的开展，但由于研究者的角度与学术视野及研究水平的不同，分类的结果各有差异，导致同类研究可比性较差，极易造成重复性研究的出现。针对该问题，国内学者刘贤臣（1997）、江光荣和靳岳滨（1999）等做了努力，他们试图通过运用因子分析进行深入归纳，却并没能验证已有研究，而是产生不同的分类。但无论学者如何分类，在现实的生活与工作过程中，纯粹的单一性质的压力源几乎是不存在的，压力源分类至少有两种，各类别间既有区别又联系密切。

基于前文已有的研究者对于生活压力的定义和压力源的分类，可以发现已有关于生活压力的定义和压力源的分类虽然各不相同，但这些定义的界定和压力源的分类，皆包含在前文所谈的压力研究的三种取向中。所以，再次说明，对生活压力进行界定和划分时，必须综合考虑刺激取向、反应取向与互动取向。

总之，关于生活压力的实证研究，目前的研究趋势是，由定量研究为主到定性研究与定量研究相结合，由采用单一指标测量发展到多指标的结合；从开始侧重关注患者、成人，转向对不同年龄阶段、不同职业、各类健康群体的关注。对压力的研究虽有较大进展，但国内关于压力的研究仍处于初始阶段，主要存在以下问题：一是理论层面的积累与深入对话较为匮乏，高水平的深度研究尚不多见；二是定量研究大多采用的是学者翻译自国外的量表，或是用不适合的量表对不属于同一群体的问题进行研究，导致研究的针对性较为缺乏；三是从已有关于压力或生活压力的研究来看，所取得的成果较多集中在心理学、管理学等领域，社会学领域的研究成果则很少，在针对特定群体的压力研究方面，尤其是白领移民群体的研究更是凤毛麟角。

三、社会适应的内涵与类别概述

1. 社会适应的多样理解

"社会适应"一词的最早涉及要追溯到社会学家斯宾塞，他认为"生活即是内在关系与外在关系的调适，个体对外界环境的适应包括一系列自主的适应过程，表现为顺应、自制、遵从、服从、同化等具体的适应方式"（转引自杨彦平，2007）。皮亚杰（1988）认为，社会适应是个人和群体调整自己的行为使其适应所处社会环境的过程。Lukas（2005）对社会适应的多种理解加以概括，认为最普遍的理解是把社会适应看成是个体或群体与社会环境的交互过程，参与者在这一过程中的需要和意愿是和谐，有三类适应方式可达到与社会和谐，即融入环境改变自身、改造环境、退出或离开环境（转引自胡韬，2007）。

国内众多有关社会适应的研究中，社会适应的定义各不相同。在黄希庭（2003）主编的《心理学大辞典》中，社会适应指社会环境发生变化时，个体的观念、行为方式随之而改变，使之适应所处的社会环境的过程。张春兴（1991）在研究中提出，社会适应是个体接受不断地学习或修正各种社会行为和生活方式，以求符合社会的标准与规范，而与社会环境维持一种和谐的关系。陈会昌（1999）所提到的社会适应，是指社会或文化倾向的转变，即人的认识、行为方式和价值观随社会环境的变化而发生相应的变化。贾晓波（2001）认为，社会适应是对社会生活环境的适应，包括为了生存而使自己的行为符合社会要求的适应和努力改变环境以使自己能够获得更好发展的适应。陈建文（2004）则认为，社会适应是个体在与社会环境的交互作用中，以追求与社会环境维持和谐平衡关系的过程。胡韬（2007）把社会适应的众多理解总结为三种取向：社会适应状态、社会适应过程和社会适应性。他认为，这三种界定取向的综合可揭示社会适应的内涵，即社会适应是社会适应性、社会适应过程、社会适应状态三方面内容的统一体。

在有关移民的社会适应研究中，社会适应的理解也各不相同。高斯席德（Goldscheider G.，1983）认为，移民的适应是一个过程，在这个过程中，移民对变化了的政治、经济和社会环境做出反应。他倾向于把适应理解为行为本身，即移民在变化的环境中做出的一种不断的行为调整（转引自朱力，2002）。

需要注意的是，国外研究偏重于使用文化适应的概念，用来指移民群体对主流社会文化的接纳和适应状况，包括个体在价值观、规范、行为方式等方面发生的适应性改变。如学者提出，文化适应指由个体组成的、具有不同文化的两群体间，发生持续而直接的文化接触，导致一方或双方原有文化模式发生变化的现象（Redfield，Linton & Herskovits，1936）。而美国的阿瑟·S. 雷伯（1985）更是明确指出，社会适应指社会或文化倾向的改变，对于移民来说，文化适应是最重要的社会适应（转引自何亚玺，2009）。

国内众多与移民及流动人口相关研究的学者给出了社会适应的不同理解。有研究者在三峡外迁移民的研究中使用社会适应性的说法，认为适应性是一个继续社会化的过程，所谓社会适应性是指行动者通过继续社会化，调整其行为模式和心理状态，使之适应新环境的过程（郝玉章、风笑天，2005）。田凯（1995）在关于农民工的研究中认为，城市适应性是指农民工由农村来到城市后对城市生活的适应状况。朱力（2002）则指出，生活环境和社会角色的变化，使农民工在行动和心理方面不断调整，就是他们在城市中的继续社会化，也是适应城市的过程。张海波、童星（2006）在进城失地农民的研究中认为，社会适应是一个过程，是行动者对周围环境变化的主动和被动的调适。风笑天（2004）在三峡移民研究中，把社会适应界定为移民对安置地新社区生活各方面的习惯程度和满意情况。

2. 社会适应的多元类别

国外对移民社会适应的研究主要集中于发达国家，Ward（1994）等较早地提出移民适应可分为心理适应和社会文化生活适应。线性适应理论是这一领域里最有影响的理论之一，该理论认为，适应是一种移民随时间自然而然发生的过程，其代表者 Gordon 提出适应分三阶段：文化适应、社会结构适应和婚姻适应。文化适应指移民接受当地的规范、语言和价值观；社会结构适应表现在移民获得和当地人同样的教育、收入、职业和居住区域；婚姻适应主要表现为移民和当地人通婚（转引自张结海，2011）。帕克（Park，1950）较早建立了由接触、竞争、调整、同化四阶段构成的移民适应模型。阿德勒（Adle，1975）提出了由接触、崩溃、重组、自律和独立构成的移民文化适应的五阶段模型。贝瑞（Berry，1980）在已有研究模型之上，综合考虑各方面情况，提出一个由同化、分离、整合和边缘化组成的新模型。

在国内现有移民研究和流动人口研究中，关于社会适应的分类，研究者们观点各异。陈建文（2001）对个体的社会适应做了系统划分，他提出，从水平分，包括掌握、应对、防御；从性质分，包括适应良好和适应不良；从策略分，包括主动适应和被动防御；从内容分，包括身体适应、心理适应、环境适应。具体说来，在关于农民工城市适应问题的研究中，有学者提出，在面对与传统乡村社会生活方式、价值观念迥异的"城市性"时，选择的适应模式大致有两种："融入式"的适应和"在城市中重建乡村社会"的适应，后者是目前农民工城市适应模式的主要选择（吴振华，2005）。整体而言，已有社会适应研究多数是做三元划分，称为社会适应"三阶段"论。如一些该领域的研究者从经济、社会和精神三个方面来概述社会适应，认为社会适应包括三个层面：经济层面、社会层面、心理层面或文化层面（田凯，1995；朱力，2002；江立华，2003；陈世伟，2007；赵丽丽，2009）。有学者从社会化的内容角度提出农民工社会适应包括社会生活技能的适应、社会规范的适应和个性的适应等方面（戴荣珍、张春龙，2008）。在新生代农民工研究问题上，许传新（2007）认为社会适应包括三个层面：工作层面、生活层面和社会交往层面；在对进城失地农民社会适应的研究中，研究者提出至少可操作化为经济生存、社会交往、心理认同等三个维度（张海波、童星，2006）。

在适应的过程上，一项关于城市新移民的研究把社会适应分为三阶段，即"二元社区""敦睦他者"和"同质认同"（童星、马西恒，2008）。在关于知识型移民的研究中，认为社会适应是一个描述事物发生发展过程的概念，可分为三个阶段，即基本生活的适应阶段、发展满足的适应阶段和文化心理的适应阶段（陈常花、朱力，2009）。张继焦（2004）认为，外来移民文化受影响的过程，先后经过表层、中间层和核心层三部分。移民的社会适应是一个长期的过程，风笑天（2004）在关于三峡移民的研究中指出，移民的社会适应过程要经历一个前后相继的不同层次和方面：日常生活适应、劳动生产适应和心理归属适应。每一个阶段对应一个适应目标。虽然具体实践过程中三个阶段不能截然分开，但每个阶段的侧重点不同。具体来说，社会适应从日常生活领域开始，接下来是生产劳动和经济发展，最后是包括主观感受、心理融合、社区认同在内的"我群感""归属感"的建立。

与此不同的是社会适应四阶段说，如杨菊华（2009）提出，流动人口的社会融入分四个阶段，即经济整合、文化接纳、行为适应和身份认同。在城市新移民

（主要以白领移民为研究对象）社会融合的研究中，研究者把移民的社会融合分为心理融合、身份融合、文化融合和经济融合（张文宏、雷开春，2008）。向德平（2010）等经过系统论证，认为失地农民社会适应的内容主要包括从低到高的四个层次：生活适应、经济适应、心理适应和文化适应。

还有研究者从五个层面对移民社会适应进行探讨。风笑天（2003）等在三峡移民社会适应性研究中，移民的社会适应被操作化为几个主要的维度，包括日常生活、家庭经济、生产劳动、邻里关系、社区认同等层面。张结海（2011）通过对200名上海的外地白领的问卷调查，从身份认同、语言适应、对上海的喜爱度、交往适应和对上海的归属感五个维度测量其文化适应程度以及影响因素。

3. 简要述评

回顾已有研究，虽然研究者们在社会适应及其类别划分上都无法形成共识，但从中还是可以发现共同点：一是在内涵上，社会适应强调个人或群体与当地社会的互动过程；二是在类别划分上，社会适应往往包含经济适应、生活方式适应与心理适应三个基本方面，这三方面是一个逐渐深入的社会化过程，社会适应的最佳状态取决于三者的完整性与同一性。

另外，通过有关移民社会适应的文献回顾可以发现，在移民社会适应问题的研究上，已有研究的研究主题较为全面，从个体自身的微观状况到社会环境的宏观概貌都有涉猎；涉及的研究对象也比较丰富，在自愿移民及非自愿移民方面都不同程度地加以关注，如农民工、失地农民、三峡移民、水库移民及城市新移民等；在研究方法上，大多数研究者通过实地调查，掌握了丰富资料，还有小部分将定量分析和定性分析相结合。但既有研究在研究对象上，较少对白领移民的社会适应模式进行研究。在白领移民成为城市建设主力军的当前中国，很有必要对该群体的社会适应模式各层面的状况及变化趋势进行详细阐述。

社会适应既是一个复杂的过程，又是一个多维的状态，一项具体研究往往难以涵盖其全部内涵（风笑天，2005）。笔者通过梳理已有关于社会适应定义的理解发现，虽说学者们的观点千差万别，但在界定社会适应时，都无法回避一个核心问题，即强调个体与社会环境的互动过程，个体为适应社会环境需不断调整自己的观念和行为方式。

基于此，本书所谈的社会适应是个体在与社会环境的交互作用中，以追求与社会环境维持平衡关系的过程。具体说来，白领移民社会适应是指城市白领移民在积极主动了解和融入城市环境的过程中，会以城市市民为参照群体，不断调整自己的身心状态以与外部城市环境相和谐。

本书在参考以往社会适应类别研究的基础上，将白领移民的社会适应划分为生活层面、文化层面和心理层面的适应。具体而言，本研究中的白领移民迁移到上海之后，不仅需要适应因空间位置、角色扮演和资源获得方式等方面发生的变化，在转变价值观念和生活方式上，也需要从原有的生活经验中脱离出来，不断了解上海大都市的生活方式、参与到上海各类人群的人际交往之中，逐步融入上海主流社会的文化生活，以达到白领移民与城市环境相协调的状态。以上既可视为城市白领移民的社会适应，也可看成是城市白领移民进行再社会化的过程。

第二节　主要变量关系相关研究综述

一、主要变量关系的理论溯源及其延展

从本书所研究的主题来看，会涉及社会信心、生活压力和社会适应三个变量，主要关注的是白领移民的生活压力与社会信心之间的相关关系，具体说来会衍生出如下几种变量间的关系：生活压力与社会适应的关系、生活压力与社会信心的关系、社会适应与社会信心的关系以及生活压力、社会适应与社会信心之间的关系。从已有研究的文献资料上说，对三者之间的各项具体关系都不同程度地有所涉及，但这些关系的形成及后续作用都可从压力的相关研究中追根溯源，找寻些许或更多的理论支持和关系轮廓。

从学科归属来看，压力应属于心理学、生理学范畴。压力的研究起源于医学领域，是心理学家沃特·坎农（Walter Cannon）把压力的术语引入社会领域（裴利芳，2003：123）。自开创压力研究以来，这一研究在强烈的社会需求推动下从医学领域迅速扩展到社会学、心理学、管理学等几乎所有学科研究领域，引起无数研究者的极大兴趣，并已有大量的研究者进行研究讨论。

因为研究者的研究目的、研究对象以及研究方法等方面的诸多不同，整体而言，压力的研究历程被研究者们大致分为三个时期：生物学模式、生物—心理模式和生物—心理—社会模式。这三个时期既有差异也有重叠，不是截然分开的，而是前后相继的发展过程（陈昌惠，1987）。在压力研究的历程中，相对应地逐

渐形成三个主要理论——反应理论、压力刺激理论和 BPS 模型，这三种理论经过借鉴、修正逐渐走向综合。

第一时期是生物学模式。开始于 20 世纪 30 ~ 40 年代，主要关注有机体的细胞、体液、组织等在处于压力时所产生的生理病理反应及发生的变化。这一模式的形成归功于两个代表者的研究：一是沃特·坎农（Walter Cannon，1930）的研究指出，有机体在受到压力时，神经系统及身体器官等会做出适当反应，他称之为"紧急反应"。二是 Selye 通过对不同压力状态下动物躯体的改变进行研究后认为，"生物压力是身体对给予它的任何要求的非特异性反应"，从而提出压力的"一般适应综合征"模型（the general adaptation syndrome，GAS），也称反应理论模型。该理论提出压力反应的客观指标可以用生理参数表示，压力与心理健康的关系可通过生理系统的变化来加以研究，这是论证和揭示各种社会心理因素对人体作用机制的关键。但 GAS 模型被人诟病之处也正在于此，质疑者认为该理论把人看作是对不良环境做被动反应的生命体，在强调生理指标时，个体行为和心理的反作用往往被忽视了。在研究持续深入的过程中，学者们的研究成果不断说明不同个体在经受同样的压力时可能会有不同的压力反应，所以逐渐开始倾向于研究个体因素在压力发生发展中的作用。

第二时期扩展为生物—心理模式。该模式主要存在于 20 世纪 50 ~ 80 年代，研究者们逐渐认识到生物学模式的缺陷，均在各自研究中提出了异议（Mason，Symington，1955）。在这一过程中，产生了压力刺激理论。何种环境能使人产生紧张反应，对这一问题的回答是该理论关注的核心。生活事件的量化研究是压力刺激理论所采用的重要方法，通过这种研究的运用及研究成果的出现，社会心理刺激和疾病关系被人们逐渐认知，极大地促进了生活事件和身心健康的关系研究。Lazarus（1984）在总结他人研究的基础上，强调压力反应不仅决定于外部因素，也决定于个体对压力情境进行认识、评价与处置的过程。并提出了对压力反应的调整因素，尤其强调认知的中介作用。受其影响，后续研究中研究者们逐渐达成共识，普遍认为压力反应并不是环境因素直接作用的结果，而是受到个人认知评价调节的结果（Boyle，1983；Eysenck，1991）。在此过程中，生物—心理模式得以形成并扩展。但这一模式及对应的理论有其明显的不足，即人被理论化的同时，人的心理行为的复杂性和主观能动性也被忽视。

第三时期发展为生物—心理—社会模式。20 世纪 80 年代以后，由于众多学科纷纷将压力研究作为重要研究课题，从而使压力研究更加丰富和深化。研究者们已清楚认识到在压力反应的研究中社会和心理调节的重要性，强调压力应包含在一个多变量的系统中，压力有潜力在系统中产生多种效应。这一时期的代表是 Schwartz 提出的"生物—心理—社会模型"（简称 BPS 模型），该模型认为，医学诊断应当考虑出现在病人过去和当前条件中的生物的、心理的和社会的因素。除此外，BPS 模型认为治疗过程必须考虑各治疗方法之间的交互作用，以及病人的心理社会系统（刘陈陵，2002）。

总之，压力研究过程的转变可通过图 2 - 4 清晰地展示，在这一过程中，压力的内涵、影响机制及由此产生的相关关系不断得以拓展，本研究中所涉及的各变量与压力相关的关系都能在压力研究的历程中找到理论上的依据，这对本研究的思路构建及深入剖析起到重要的理论指导作用。

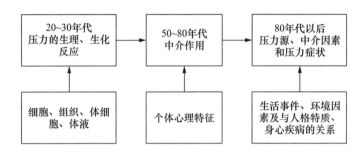

图 2 - 4　压力研究的历史过程

资料来源：刘陈陵. 大学生日常生活压力、社会支持及其相关研究. 华中师范大学硕士学位论文，2002。

二、生活压力与社会适应的关系概述

从某种意义上讲，生活压力和社会适应是一对矛盾体，生活压力既会促进社会适应的顺利进行，也会导致适应不良。也就是说，适度的生活压力对个体的社会适应是有积极意义的，关键是同样的压力事件，每个人的感受会随年龄、身心特点、文化背景、经济基础、应对方式、心理资源的不同而不同。所以个体对压力的认知和评价对压力的应对和适应很重要。由图 2 - 5 可以更直观地了解压力和适应两者之间的关系，即压力对个体的影响有积极和消极的双重影响，这与压力的大小有关。适度的压力会让个体主动调动心理资源，去适应环境，达到良好的适应状态；压力过低时，会让个体处于心理低迷的状态，缺乏进取心，消极被动地适应环境；压力过大则会让个体无法应对或出现逃避心理，导致适应不良。

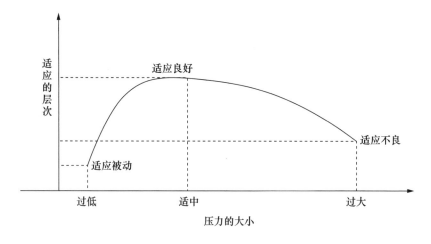

图 2-5 压力和适应关系

资料来源：杨彦平. 中学生社会适应量表的编制. 华东师范大学博士学位论文，2007。

　　研究者指出，压力与适应是个体人格成长中相互作用的两个方面，个体是在不断解决压力中逐步成长起来的，压力的成功解决就使人格成长。在压力解决初期需要积极、有效、丰富的社会支持与心理资源，就逐步构建起个体解决危机的应激策略，达到健康的人格与社会适应（梁宝勇，2006）。

　　正如杨彦平（2007）所言，"社会适应首先是一种心理适应或人格适应，是个体内在的心理系统对外在社会环境变化的应对过程，它是一个动态的变化与调节过程，需要一定的心理资源和应对机制"。

　　在压力的适应或应对研究方面，研究者发现，一般来说应对压力有两种基本方式：一种是着重于问题的应对，即当事人适应压力情景以改变现存的人——环境的关系；另一种是着重于情绪的应对，即当事人尝试减轻焦虑而不是直接处理产生焦虑的那个情景（杨彦平，2007）。所以，在压力情境下，不管是盲目消除和逃避压力，还是被动适应压力，两种做法都是不正确的，正确的做法是应用各种心理资源和社会支持去积极地面对压力。正确而主动地解决压力，有利于个体人格的发展与完善，这也是引导个体寻找压力适应策略的关键所在。

　　郑照顺（1999）将生活压力对青少年社会适应的影响从正面和负面两方面进行分析。但更多的生活压力事件和社会适应的实证研究则主要集中在生活压力事件对社会适应的负面影响，Pryor 等通过生活压力事件量表对青少年的研究表明，得分较高的青少年比得分较低的青少年更容易表现出适应不良，这点体现在青少年学校生活中的不佳表现以及攻击、退缩乃至自杀行为等方面。已有研究发现负面生活压力可以预测绝望感（Rudd，1990）。Paykel（1974）还发现，生活压力的累积和慢性抑郁甚至试图自杀之间存在关联。

因此，尽管压力对适应存在一定的积极影响，但压力对适应的负面影响更加突出，也更受研究者关注。从以上论述可看出，从某种意义上讲，个体在生活压力的状态下所导致的心理健康好坏，一定程度上是社会适应是否良好的反映，所以生活压力和社会适应的关系也可从生活压力与心理健康的关系中寻找理论上的依据。这一点在后文中会有所论及。

三、社会适应与社会信心的关系回顾

需指出的是，因为已有社会信心研究相对薄弱，所以要在一定程度上借鉴与社会信心相近的其他研究所运用的理论及方法，进而形成社会信心特有的研究雏形。社会信心与心理健康存在紧密关联，如果从前文所述的社会信心涉及的本质及内容来看，社会信心应属于社会心理学范畴，是心理健康状况的一种良性反映。故本书存有这样的理论预设：社会信心的强弱反映了心理健康状况的好坏。也就是说，社会信心强则心理健康状况好，社会信心弱则心理健康状况差。因此，从某种意义上说，社会信心与心理健康是等同的。那么，已有关于心理健康及精神健康的研究为本书对社会信心的解读提供了可借鉴的研究视域。

联合国卫生组织 1990 年对健康下的定义是，"一个人只有在躯体健康、心理健康、社会适应良好和道德健康四个方面都健全，才算是完全健康的人"。体质、心理、社会作为研究和理解人类健康的模式已得到世人广泛的认同。现代学者们普遍认为：心理健康是指个体在各种环境中能保持一种良好的心理效能状态，并能在外界不断变化的环境中，及时调整自己的内部心理状态，达到与环境的平衡与协调，并逐步提高心理发展水平，完善其人格特质（王秀纯，2012）。心理健康是社会学的一个重要研究领域，移民与心理健康之间的关联更一直是社会学关注的主题（Robert & Parker，1959），也是一个重要的移民研究方向。

在探讨心理健康的问题时，社会适应往往被研究者与心理健康联系在一起。研究者指出，一些心理学家用一个人能否适应社会作为心理健康的标准，即认为能够适应环境或社会的人心理健康，反之心理就不健康（郑希付，2003：48）。从心理健康的定义就可看出，社会适应与心理健康之间存在着密切关系。学者毛振明（2007）更直接提出：在现实中，心理健康和社会适应是相互包含、相互交融的，应将两者进行合并研究。诸多研究成果表明，研究者们对心理健康的定义、评价标准没能达成共识，但普遍认为，心理健康是一种内外部协调统一的良好状态，社会适应是心理健康的重要标准，适应状态是心理品质和环境互动的结果（陈中永、钟建军，2009）。

关于社会适应与心理健康的关系，心理学界对这个问题一直观点各异。综合来看，有下面一些观点：社会适应是心理健康的重要方面，社会适应是心理健康的本质，社会适应不是心理健康的标准（张海钟，2001；叶一舵，2001；陈建文、王滔，2004）。主张社会适应标准的柯尔曼（1987）认为，一个人的行为是否与所处环境相协调、他对社会事件和社会关系的态度是否符合社会要求，这是判定一个人是否健康的标准。斯科特（1995）列举的社会适应具体标准更为典型：社会关系适应；完成个人和社会角色；行为与角色一致；利用切合实际的帮助；与他人相处的能力；参与社会活动；社会责任；行为受社会的赞同；托付他人；稳定的职业；工作和爱的能力等。胡海燕（2007）的研究把心理健康与社会适应关系概括为不同的心理学研究范型，如精神分析论范型、学习论范型、特质论范型、现象学范型等，虽然研究起点和基本观点不同，但在如何阐释心理健康的性质的问题上，采用的都是个人与环境互动的社会适应角度。换句话说，它们都强调了个体与环境的某种和谐平衡，而这种平衡既是社会适应的心理功能，又是心理健康的本质之一。陈建文（2004）试图在全面分析社会适应的基础上，系统地探讨社会适应与心理健康的关系。他通过综合分析发现，社会适应过程的每个步骤都可能涉及心理健康和心理问题两个方面。他还进一步提出，个人经过社会化之后，所形成的知识、技能、价值观和性格与社会要求相适应后，就会在社会行动中产生与社会要求相一致的行动。反之，如果不能很好地适应社会环境，就会陷入困境。

对于两者关系的争论，江光荣（1996）做出了很好的解释，他认为一些人是站在个人之外，根据社会规范看问题，把社会适应看作是习得或遵守社会规范的道德问题，从而把心理健康从社会适应引向道德品行，自然就反对心理健康的社会适应观点；心理学家正相反，是站在个人之内，根据该行为的心理机能属性及其个人适应和发展意义来看问题的。他进一步指出，不论何种情况，两者都要诉诸于个人社会适应状况的分析。因此，从社会适应角度分析心理健康是合理和科学的。

可见，不论何种立场，已有研究的基本结论都承认社会适应与心理健康的密切关系。但正如陈建文、王滔（2004）所言，已有研究应克服的缺陷在于：其一是对社会适应的分歧性和片面性的理解，其二是没有对两者的关系进行系统的考察。这也是本研究试图克服的问题所在。

四、移民生活压力与社会信心关系述评

由前文可知，压力是一个涉及个体生理、心理、行为等各个方面的复杂过程。压力状态是人类不可避免的，国内外很多研究都发现压力与心理健康之间存在着相关性，并且，多数是直接探讨两者之间的关系。学者指出，适度的应激能增进个体健康和提高适应生活的能力，但过度的应激则会对个体的身心健康带来消极影响，成为人们心理困扰和适应不良的原因（梁宝勇，1994）。

总的来看，压力对心理健康的影响研究主要集中在两个方面：一是消极影响。首先在生理上，会发生如神经系统病变、免疫功能下降等状况；其次压力状态下产生的消极情绪对人的身心健康会产生不利的影响，使人失去心理上的平衡或造成生理机能失调；还有就是压力会导致消极的行为反应发生。二是积极影响。一定的压力对个体的成长和发展是有利的，如可改善人的观念、发展应对能力；可锻炼个体的抵抗挫折能力，最大限度地激发人的潜能，积累人生的经验等。

因此，压力影响人的健康，已是研究者普遍共识。虽然，研究者们都不否认压力对于健康的积极影响，但更多的研究者关注的仍是压力对健康的消极影响。以移民研究为例，移民是一个世界范围内的现象，人口流动并不单纯的是身体的空间转换，往往是生存环境、生活方式、社会地位、文化观念等深层的变化，因此必然对移民的健康产生各种各样的影响。从已有研究来看，众多学科的学者对城市外来移民问题进行了大量研究，但对该群体心理健康问题的关注时间较短。

那么，个体的心理健康究竟是由哪些因素造成的？换言之，哪些方面的生活压力会对心理健康产生影响？这是我们下面所要关注的主要内容。

从国外已有的移民心理健康的研究来看，在早期研究中，都承认并证明了迁移所产生的压力对于移民心理健康的影响。如 Ödegaard（1932）发现，移民到美国的挪威人其精神分裂症发病率高于未搬迁的挪威人，这一经典研究直接促进了该领域研究的推进。如对比研究伊伯利亚人、比利时人和希腊人的精神障碍病人后发现：移民精神障碍的发病率明显高于当地人（Charalabaki et al.，1995）；许多文献中，研究者们均发现和承认了迁移对心理健康的负面影响。20 世纪八九十年代的几项研究也表明，与当地英国人比较，迁到英国的不同移民群体其精神分裂症的发病率都高；另有国外学者关于中国外来务工人员的研究显示，跨国外

来务工人员的心理健康状况比当地居民差（转引自刘琴，2009）；

"人类动力的阿基米德点存在于人类境遇的独特性之中；要认识人的精神，就必须以分析那些源于生存状况的人类需要为基础"（弗洛姆，1988：23）。客观需要与主观心理之间的重要关联由此可见一斑。学者通过研究中、日、韩的中学生移民后发现：文化差异对移民的心理影响显著，文化适应困难对心理健康有重要的预测作用（Christine et al.，2003）；一项研究奥克兰中国移民的结果表明，较年轻者、不会说英语者、失业者以及女性的心理健康状况更差（Abbott et al.，1999）；Pernice（1996）等认为，移民相对较差的心理健康状况，与他们遭受歧视和失业有关，还与人口学特征及移居地的居住时间有关；一项对波斯湾战争后迁移到美国的伊拉克移民的研究发现，这些移民所出现的身心健康方面的问题，究其原因主要是对战争中核辐射的担心和移民安置所带来的就业问题（Jamil et al.，2002）。还有研究者提出，找不到工作、语言障碍、与家庭或社区分离以及移民前的一些创伤经历等是导致移民心理障碍的主要因素（Ho E.，2004）。

国外的众多研究，尤其是移民研究表明，住房和工作（Wong，1997）、语言障碍（Vedder & Virta，2005）、难以接受文化差异或无法适应新的文化（Aroian，Norris，Patsdaughter & Tran，1998；Bhugra，2004）、歧视（Yeh et al.，2003）、经济和工作困难（Nicassio et al.，1986；Thompson et al.，2002）、恶劣的生活条件（Papadopoulos et al.，2004）、缺乏社会支持以及就业、社会地位、生活环境方面的失落感（Oropeza，Fitzgibbon & Baron，1991）等诸如此类的因素，都或多或少给移民群体造成一定压力，进而引发心理问题。这就有力说明了社会层面的压力对个人心理健康的消极影响不容忽视（陈蓓丽、何雪松，2010）；黄富强和梁淑雯（Wong & Leung，2008）也发现，流动压力（特别是经济和就业的困难与人际关系困难）对移民精神健康的影响十分显著；Wood 对英国的移民研究发现，许多相互作用的复杂因素导致较差的精神健康状况，如种族歧视、较高的失业率、家庭收入低下、移居者与他们在当地出生的子女之间的文化冲突、过度拥挤的居住环境、语言困难、对环境的不满等（转引自吉华平，1990）。对外来工的研究显示，自我报告健康状况较好者、与同事关系较好者的精神健康状况更好（Li et al.，2007）。另有学者认为，出现心理问题的原因是个体与环境相互作用的结果（Lazarus & Folkman，1984），当个体无法有效应对压力时，就会产生失眠、焦虑、抑郁，甚至失去信心的现象。如社会网络、就业和生活环境等方面的不满会使移民感到失落（Oropeza et al.，1991），并会因失落感而导致心理抑郁问题的发生（Aroian et al.，1998；Bhugra，2004）。

诸多国内研究也不同程度证实了以上观点，学者通过研究深圳外来女工的梦魇和尖叫反应后认为，这种现象的原因主要是由工厂超时劳动所引发的一种类似创伤性精神官能症的病症（潘毅，2007：170）；钱胜（2008）等指出，负面生活事件是影响工人心理状况好坏的重要因素；刘林平（2011）等更提出劳动权益是影响外来工精神健康的重要因素。调查研究表明，与当地人相比，深圳外来务工人员的心理健康状况较差，进一步发现，收入、婚恋问题、心理压力、思乡病、居住条件、社会地位等因素与其心理健康有关（Shen et al.，1998）。对外来务工人员的研究还发现，该群体因为受到当地严重的歧视，致使大部分人患有抑郁、焦虑、敌对、社会孤立等心理健康症状（Li et al.，2006）。刘东（2008）从结构化理论视角对上海外来人口的精神健康状况进行研究，结果表明，外来人口的压力越大，外来人口的精神不健康程度就越严重。一项关于上海青年农民工的压力与心理健康研究表明，青年农民工的心理压力和心理健康显著相关（何雪松、陈蓓丽、刘东，2006）。在有关城市青年移民生存发展状况的研究中，研究者发现经济压力、工作压力、住房压力、婚姻人际压力等已对新上海人的幸福指数造成了一定负面影响（赵文，2011）。

国内的研究在关于非志愿移民心理健康方面的成果较多。例如，对小浪底工程征地移民的心理研究发现，经济发展水平、环境的变迁、人际关系、安置后的资源保障等是影响移民心理的主要因素（唐贵忠、杨建设，2005）。部分学者对水库非自愿性移民进行了主观心理层面的研究，主要涉及移民的主观满意度、心态特征、心理需要等问题。对黄河小浪底水库移民心理研究发现，水库移民存在不同程度的心理问题：如经济上强烈的心理失衡，基于生存需要的焦虑、恐慌心理等（唐贵忠、周恒、云露，2005）；移民与安置区居民的融合能力差，因为归属感缺乏，移民主要在自我群体中交往，对群体外的交往产生忧虑、紧张情感（冯建敏、冉云霞，2005）。并且，多数人曾经因为对生产生活的不满意而出现失眠、焦虑等心理问题（唐贵忠、左萍、赵焕娥，2005）。

综上所述，移民过程不可避免地充满压力和痛苦，这会对移民心理健康产生负面影响，这已是研究者们的共识。已有研究表明，目前国内外对移民心理健康问题的研究已初具规模，但深入剖析移民健康的研究成果并不多，可看出这一领域并没有真正引起研究者的足够重视。

具体表现在以下三个方面：一是国际上有关移民心理健康的研究多关注在不同国家之间迁移的自愿移民，并且多是进行一些小样本的跨文化研究，研究对象多集中在战争、灾难或贫困引起的难民群体；二是国内学者不管是对城乡迁移流动人口的研究，还是对各类移民的身心健康研究，普遍存在的问题在于已有研究多属一般性的理论论述或描述，系统性、科学性的调查研究尚不多见；三是目前国内外针对白领移民的心理健康开展的系统的专题研究极为匮乏，通过定量调查研究与定性研究相结合的综合研究分析更是极少。

五、移民生活压力、社会适应与社会信心关系综述

如前所述，生活压力与心理健康之间存在密切关系，这已成共识。同时，研究者们也普遍认为，压力与个体身心健康之间的关系是复杂多维的，很难用一种简单的对应关系来清楚说明压力与个体反应之间的内在关联。积极心理学也认为，人们面对挫折和压力时，并不一定会导致不良后果，因为个体具有各种弹性资源，这些资源能够使他们顺利渡过困境，适应生活（胡金凤、郑雪、孙娜娜，2011）。

据此可判断，生活压力同心理健康的联系不一定就是直接的，在生活压力和心理健康的关系中还有一些中介因素，这些因素值得关注。正如有研究指出，压力大并不必然直接导致比较严重的精神健康问题，对压力的应对与认知可能是影响压力和精神健康相互关系的中间变量（Thoits，1995）。另有研究发现，认知评价、人格特质、应对能力及社会支持等因素在压力源与心理健康之间起调节和中介作用，这一问题的研究成为众多学者集中关注的课题（梁宝勇，1994，2006）。

从已有研究成果可以看出，外来移民因为移民缘由、移民过程、移民经历以及迁入地社会的态度和反应等诸多方面的不同，必然导致不同情况下的移民心理健康各有差异。这就使得现有研究在移民是否对心理健康产生不良影响的问题上仍存争议，有研究甚至表明移民生活能够改善移民的心理健康。一项移民研究发现，很多移民非但没有出现心理健康问题，相反他们的心理健康状况比本地居民更好（Wong et al.，2003）。如研究者对移居英国的南亚移民的研究发现，移民在情绪失常和抑郁发生率方面都低于当地白人（转引自刘琴，2009）；Graves（1985）等提出，新西兰的太平洋岛屿移民与新西兰当地人相比，出现身心疾病症状的人相对较少；一项新近的研究结果也显示，移民不仅改善了新西兰移民的心理健康状况，更是改善了搬迁前心理健康状况较差的移民和妇女的心理健康（Stillman et al.，2007）。对居住在加拿大多伦多的韩国移民的研究显示，积极的应对方式有助于移民身心健康，而消极的应对方式损害移民身心健康，家庭支持

心理干预对于改善移民心理状况的作用明显（Noh & Kaspar，2003）。所以，压力与健康的关系问题是一个比较复杂的问题。在压力与健康的关系中还有一些因素在起作用，这需要我们在研究中深入探讨。

国内的移民及流动人口研究也在一定程度上发现了上述事实。有关蚁族的调查表明，蚁族群体具有强大的精神动力，他们能勇敢地面对和接受现实（廉思，2009）。不仅如此，处于压力情境下的蚁族群体，有些人能对生存状况持乐观态度，也不太在意社会地位处于弱势的现实，对于媒体的关注他们持怀疑态度（熊建，2010）。另有蚁族研究表明，认知评价在经济压力对生活满意度间起部分中介作用，而认知评价在工作压力和身心健康对生活满意度间起全部中介作用。当"蚁族"个体认知评价风险较高时，其生活压力越高，而感知到生活压力较高的"蚁族"个体在生存过程中更容易体验到低生活满意度。因此认知评价主要通过间接作用影响生活满意度。

一项关于新生代农民工的研究结果发现，新生代农民工的心理压力通过两个路径影响心理健康：一是压力直接影响健康，二是压力通过心理弹性来影响心理健康。进一步检验发现，心理压力高的个体，心理弹性发挥的作用较大，起到完全中介的作用；心理压力低的个体，心理弹性起到部分中介的作用（王慧，2012）。刘东（2008）在对上海外来人口的研究中认为，城市社会制度制造了城市社会差异和社会差别，而社会差异和社会差别又左右外来人口的边缘社会空间的产生和边界，外来人口的边缘社会空间内部同质性和外部异质性对其自身的压力和精神健康状态形成了很大的影响。进一步研究指出，外来人口自身移民期望和社会网络建构所构成的制度再生产导致了外来人口压力以及精神不健康程度降低。

另外，一些类似的研究也都表明了生活压力和心理健康关系之间中介变量的存在。一项关于中学生的研究表明：中学生生活事件、应对方式及焦虑之间密切相关，应对方式是生活事件与焦虑的中介变量（冯永辉、周爱保，2002）。有关大学生的研究指出，大学生的心理健康不是由单一因素所致的，而是生物、心理和社会文化因素相互影响、共同作用的结果，其中来源于各个方面的精神压力、个体适应能力等都是与心理困扰有关的重要因素（邓丽芳，2009）。高登峰（2008）在关于大学生的学习压力和心理健康之间的关系研究中发现，心理弹性是学习压力和心理健康之间的中介调节变量。杨彩霞（2008）通过对大学生群体的研究指出，在压力事件与心理健康的关系中，复原力起到部分中介的作用。有学者通过研究中学教师压力、职业倦怠和心理健康的关系发现，中学教师的压力、职业倦怠与心理健康三者之间两两相关，并且职业倦怠是调节压力和心理健康的中介变量（林鹣鹣，2012）。另有研究表明，青少年体验到生活压力低、生活满意度高，则更倾向采用解决问题的应对方式；应对方式在青少年生活压力和生活满意度之间起部分中介作用。

对于应对方式的关注也是国内外学者近年来在该领域探讨的重点，研究成果不断涌现，对于本书的研究也极具借鉴意义。有研究表明：作为压力和健康的中介，应对方式与心理健康关系密切，积极健康的应对方式在人的心理健康发展和社会适应中的作用非常重要（Folkman，1987；Aldwin，1996；黄希庭，2002）。Edwards（1988）认为，应对处在压力与健康之间，压力影响健康的因素有三个：压力源的强度、社会支持和应对方式。在压力情况下，由于前两个因素个人无法控制，所以采取何种应对方式对缓解压力来说至关重要。也就是说，应对方式在压力与健康之间起中介作用。研究者发现问题指向的应对如主动认知和主动行动会缓解生活事件所造成的不良影响，减少身心症状和疾病（Billings & Moos，1981）。Andrews（1978）的研究表明，如果缺乏社会支持和良好的应对方式，处于高压力状态下的个体心理损害的危险度是普通人群的两倍。Carver 等人（1989）使用应对的多维度测验进行研究后发现，直接行动、克制忍耐、乐观性解释与焦虑具有显著的负相关，而情绪专注于疏泄、否认、行为解脱和心理解脱则与焦虑具有极为显著的正相关。Rutter 发现在应对心理压力的过程中，个体本身会产生一种称之为"心理弹性"的保护机制，心理弹性能使心理压力对个体的直接影响发生转变，心理弹性是心理压力和心理健康关系之间的一个中间变量（转引自王慧，2012）。

国内在这方面的研究虽然兴起较晚，但受西方影响，我国学者近些年逐渐开始对压力的来源、压力对健康的影响和压力的有效应对策略等问题进行了一系列的研究，涉及不同的层次和领域。有研究发现，应对方式对焦虑、抑郁情绪的产生具有重要作用，生活事件通过应对方式间接对焦虑和抑郁情绪起作用（井世洁、乐国安，2004）。应对方式是生活事件与心理健康的中介变量已在多个研究中得到证实（曾天德，2006；邱林、郑雪，2006）。刘贤臣（1997）等关于青少年的研究发现：生活事件压力值、心理外控分及消极应对分与焦虑分呈显著正相关关系。冯永辉（2002）等调查中学生的结果显示：生活事件、应对方式及焦虑之间有密切的相关，且相关系数达到显著；生活事件与焦虑之间存在因果关系，应对方式是作为生活事件与心理健康的中介变量而存在并发挥作用的。

值得注意的是，在以往研究中，压力、社会支持与身心健康之间的关系备受关注，虽然三者之间的关系至今仍不明晰，但仍可从三者之间的关系模型为本书提供很好的启发。一种观点认为，人们无论是否处于压力境况，社会支持都具有普遍的增益作用，这是社会支持的主效果模型；另一种观点认为，社会支持只在人们处于压力情境才发挥作用，这是社会支持的缓冲模型（转引自宫宇轩，1994）。林南和恩塞尔（1991）在研究中就提到，虽然社会支持被认为是外部的对应性抗力形式，但内部或心理上的对应性抗力，如主宰感、个人胜任感、自尊、自控程度等人格因素，在个人对生活事件或压力因素做出反应的过程中，对于缓冲或减少压力因素对疾病的影响起着重要作用。

六、简要述评

已有相关研究的回顾，为本研究的主题深化及思路拓展起到重要的启迪作用。总体上讲，本研究将在已有研究所取得成果及所存在的不足基础之上进行深入探讨：

在研究对象上，当前我国关于移民社会心态的研究基本上集中于处于社会底层的农民（作为主动移民的农民工和作为被动移民的工程移民和征地农民），但毫无疑问的是，国内移民的另一批力量——白领移民一直未能进入学者们的研究视野。

在研究主题上，以往关于移民社会心态的相关研究，主要集中于社会心态现状及影响因素，几乎没有研究关注不同社会心态之间的关系。对于白领移民来说，他们需要在多因素之间不断地进行协调和整合，这就需要我们探讨不同变量之间的关系。

从研究内容上看，以往与移民研究相关的成果，在压力—压力结果的关系研究中，对于中介缓冲变量对社会心态的相关研究比较少，对白领移民的研究更是凤毛麟角。虽然在移民等群体的生活压力、社会适应和心理健康的关系上国内外都有所涉及，但其具体作用机制还不很清晰，并且还缺乏深入的实证研究加以验证。

从研究方向上看，在以往的移民相关研究中，研究者已经注意到生活压力、社会适应及与心理健康之间的作用，但较少对它们之间的内在关系进行细致论述。对于中间缓冲变量因素的研究还比较模糊，缺乏对压力过程中的缓冲变量进行同步控制，对于压力的影响研究还有许多地方值得探讨，该方面关于白领移民的相关研究仍然少之又少。笔者认为，对于三者关系的研究应该从压力源变量、中介缓冲变量、压力结果变量进行系统考虑。

　　因此，本书选取了白领移民社会适应这一缓冲因素进行研究，以期找出其在白领移民生活压力和社会信心关系中的作用机制。并且白领移民的生活压力对该群体而言几乎是不可避免的，重要的是协助该群体养成和学会应对压力的心态及技能，以期最大程度减少心理健康问题的发生。在已有研究的基础上，形成本研究的测量和分析框架，即这个分析框架是为了探索白领移民生活压力、社会适应和社会信心之间的内在相关机制。

第三章

社会信心：理论建构与实证研究

如前文所述，已有社会信心研究在定义及测量方面均有不同程度的涉及，但目前为止，尚缺乏对社会信心概念进行严格意义上的学理厘清，定义的模糊性使得社会信心的测量维度建构随意化。所以，非常有必要对社会信心的概念进行准确而清晰的界定，从而为社会信心测量维度的正确划分提供理论支持，进而以此对上海白领移民的社会信心构成进行深入的验证和剖析。

基于此，本章在明确界定社会信心概念的基础上，通过文献研究法、深度访谈法、问卷调查法等研究方法获得上海市白领移民社会信心内容结构问卷的题项，收集本调查的数据，之后对数据进行探索性因子分析和验证性因子分析，探讨上海白领移民社会信心的内容结构维度，以期得出社会信心内容结构问卷，为保证问卷的科学性和可靠性，并对问卷进行信度和效度的检验，从而研制出符合测量学要求的社会信心测量维度及指标，为后续的相关研究奠定基础。

第一节 社会信心的理论建构

一、社会信心的概念界定

就社会信心研究所关涉的本质及内容来看，社会信心应属于社会心理学范畴，进一步说，应属于社会学的社会心理学传统的研究内容之一。众所周知，心理学的社会心理学和社会学的社会心理学是社会心理学研究中两大长期并存的学术传统，两大传统虽然同气连枝，但差异很大，仅在研究重点上两者就有着明显的不同。

具体来说，群体或社会中的个体心理是以北美社会心理学为代表的心理学的社会心理学侧重研究的主题，关注个体接受他人和社会的影响及由此所产生的反应。杨宜音（2006）认为，"心理学的社会心理学因其个体主义、理性主义和自由主义的特征，使社会心理学各个研究领域大都从理性、自主和个体的角度，从个体出发来涉及与社会的关系。无不以个体为中心，群体只是充当个体心理与行为的背景……这里面蕴含的一个预设是，个体被他人影响是不妥的、不光彩的、是失去独立性的，因而是要避免的。显然，这样的视角不能直接用于社会心态研究"。马广海（2008）的说法则更为直接和明确，"在这一研究传统中，实际上是没有作为超越个体的以社会整体为分析单位的'社会心理'的，这一传统的社会心理学其实可以看作是无'社会心理'的社会心理学"。因此，按照上述理解，在心理学的社会心理学传统中，社会心态不可能成为研究对象，与社会心态相对应的概念也无法找到。换句话说，社会心态不是心理学的社会心理学传统的学术概念（马广海，2008）。

诚如斯言，心理学的社会心理学研究传统自身的特征及研究逻辑，决定了社会心态不能置于该传统下进行研究。那么，作为社会心态内容之一的社会信心，也不能是心理学的社会心理学传统所要研究的学术概念。但这个传统的社会心理学能为社会信心研究提供重要的分析路径，有助于社会信心概念的分析，这一点可从学者们对社会心态的论述上得到确证①。

反观社会心理学的另一传统——社会学的社会心理学，研究重点则是个体基础上结合而成的社会或群体心理。追溯这一传统的思想源头，19世纪中后期欧洲社会心理学家的贡献功不可没，主要是德国的民族心理学和法国的群众心理学。首先，作为民族心理学的代表，如施坦达尔、拉扎鲁斯、冯特等学者，他们把所论及的社会心理称之为"民族精神"，都强调所有社会成员共同具有的某种心理现象存在于一定层面的社会中，并往往通过该社会中的语言、信仰、宗教、风俗习惯等得以体现。其次，在群众心理学研究中，法国社会心理学家勒庞是这一领域的突出代表，他所著的《乌合之众》一书，对存在于群体中的社会心理，即群众心理进行深层剖析，实为群众心理研究领域具有开创性的经典之作。这一

---

① 本部分涉及的对社会学的社会心理学传统下社会信心的理解，主要借鉴了杨宜音和马广海关于社会心态的论述。本书有这样的理论预设：社会信心是社会心态的表现之一，所以本书认为，两位学者关于社会心态的相关论述同样适合于对于社会信心的理解。

时期还涌现出一批颇有影响的名家，都不同程度地对群体心理学研究有所著述，如塔尔德的《模仿律》、弗洛伊德的《群众心理学与自我分析》、迪尔凯姆的"集体表象"概念、麦独孤的"群体心智"概念、荣格的"集体无意识"概念等。这些研究对于群众心理学的扩展均有一定贡献，主要探讨的是个体心理与群体心理的关系，从群体结构与规范、群体角色扮演、大众行为、集群行为等方面对群众心理学研究加以推进，影响很大。

随着心理学行为主义和认知思潮兴起，群众心理学研究归于沉寂。但历经几十年无声的涤淀之后，勒庞研究取向又重新在欧洲学界回归，涌现出为数众多的相关理论，如泰菲尔的社会认同理论、特纳等的"自我类别化"概念、雷彻的"自我刻板化"概念等。另外，一些研究者开始关注社会情绪的研究，如乔治的"群体情感基调"概念以及凯利的"群体情感""群体情绪""群体心境"等概念。其中尤以社会认同理论和社会情绪研究影响较大，社会学的社会心理学传统在这一时期再次得到大力宣扬。

归结起来，社会学的社会心理学传统下的研究都关注的是不同的社会群体，都重视个体心理与群体心理之间的差异，并始终坚持"社会"的性质。依据该传统，社会心理的形成应有如下进路：因为社会群体是由众多社会个体组成，所以产生于社会群体内的情绪、情感和思想意识，必然通过整体形态的方式对每一个体施加影响，从而形成特定社会群体共有的心理现象，那么不同类型的社会群体的心理现象逐渐汇合，从而形成这些群体的群体心理，随着社会群体的数量和规模的扩大，众多群体的群体心理最后衍生为整个社会的社会心理。

按照这一进路的阐释，本书所谈的社会信心正是社会学的社会心理学传统所涵盖的研究内容，从该传统的视角对社会信心加以考察，社会信心应存在于"社会—群体—个人"这一关系链的关系互动之中。在此过程中，社会存在的舆论、风尚、宗教、习俗、道德意识等内容，不同程度地会与群体内社会成员的活动和社会交往等相结合，进而形成趋于稳定的、可供社会个体自觉遵循的社会心理特质。同时，"群体信心的概念和内涵源自于群体心理，它是群体成员共有的信念，包括价值观、态度和行为方式等"（李春苗，2013）。那么，社会成员会由当前现实状况产生某种观念，这直接促成社会成员特定态度的产生，进而影响到个人的内心和行为，形成新的观念和态度，这一过程反映的则是"观念—态度—行为"相互影响的动态关系链。因此，社会信心的形成是一个动态的复杂系统，社会信心研究所包含的相关内容都蕴含于以上两条动态关系链的相互建构之中，在以社会信心为纽带的多重互动关系中，个人被社会信心化，社会信心也被个人化，正如学者所言，"社会心态是一种个体社会建构的方式，个体并不是仅受社会心态的影响，相反，个体还是这一生存背景的营造者"（Reicher，2001）。

综上所述，社会心理学视角为社会信心的概念界定及其操作化提供了理论可能性。基于此，本书认为，社会信心是与一定的社会发展状况或社会变迁过程相连的，是分布于社会或社会群体中的整体心理状态，是民众基于现实生活状况的认知，对未来一段时间内个人与社会发展的综合态度和预期评价。该定义需注意如下两点：一是社会信心虽然是社会个体心态的同质反映，但并不是个体心态的简单相加之和，而是新生成于个人与社会的互动过程中，具有较强良性情绪色彩的宏观心理现象。二是社会信心具有普遍性、整体性、动态性、时代性和相对稳定性等特征，虽易感知却难以把握，对其理解应综合考察多方因素。

二、社会信心的维度构成

"社会心理学自从 20 世纪 20 年代以来就不再只是停留在哲学思辨或'议论'上的社会哲学或社会经验论了，而是建立在实验研究基础上的社会分析学"（转引自马广海，2008）。从这个意义上看，"社会信心"概念化的完成仅有含义上的理论辨析是不够的，还需对社会信心进行正确操作化以能对其加以准确测量。基于前文对社会信心概念的界定，理应可初步确定社会信心的测量维度，进而尝试构建测量指标体系。但由于社会信心所关注的对象及面临的社会情境具有差异性，所以社会信心的测量指标应根据当时当地的具体实际情况来设定。

需要特别指出的是，对已有研究文献的回顾会发现，虽然研究者在进行社会信心研究时在社会信心的概念上并没有达成共识，但从发展趋于成熟的信心指数研究来看，主要包含即期满意指数和预期信心指数两方面。尤其是从已出现社会信心定义来看，我们仍然会发现，社会信心的内涵核心部分包括两个不可缺少的因素，即对当前生活状况的满意度和对未来发展趋向的信心度，已有的实证研究也是基于这两方面进行的。从这一认识出发，目前社会信心的内容构成，我们不妨称之为"二因素结构"。但这里的问题是，是不是社会信心的内容构成就仅仅包括即期和预期两方面，而不存在其他方面，或者无法进一步细化了呢？

本研究认为，即期生活满意度和预期社会信心度是社会信心结构的两个基本核心方面，虽然不能强加入与其并列的方面，但却可以进一步细化。而且在研究者所取得成果中，也有学者对社会信心测量时主要围绕个人和社会当前和未来发展状况来进行，虽未明确说明，但也可看出社会信心包含三大方面：个人当前的幸福感，个人对自身未来发展的预期、个人对整个社会未来发展的预期（邢占军，2003）。通过笔者对于社会信心的概念界定，同时也是为了研究的需要，本书提出社会信心内容构成"三因素结构"的理论设想，即社会信心由即期相对幸福感、预期个人发展信心和预期环境发展信心三个维度构成。为了证明这一设想，本书会在接下来的论述中对其进行深入的验证分析。

综上所述，根据社会信心概念的界定，经过对已有社会信心相关内容的回顾，本书拟确定社会信心测量的基本维度包括即期相对幸福感、预期个人发展信心和预期环境发展信心。

具体说来，即期相对幸福感是社会成员个人对当前的生活状况，经过横纵比较后所形成的一种主观上的幸福认知。主要指个人对其自身在经济收入、工作环境与条件、家庭生活等方面的综合感受与评价，这一说法的提出一定程度上受到参照群体理论的启发，参照群体理论的提出者希曼（1942）认为，最初意义上的参照群体，是指一个人虽然没有加入，但又按照其价值规范来评价与指导自己的行为的群体。受到参照群体理论的影响，美国学者斯托弗（S. A. Stouffer）提出"相对剥夺感"的概念，他认为相对剥夺感是指人们在获取利益时要进行横向比较，当与被比较对象相比感到自己处于弱势位置时，会产生被剥夺的感觉。因此，人们选择什么样的参照群体对于自身相对剥夺感的存在与否及其程度大小具有直接的决定性作用。研究者认为，在我国传统社会中，人们所选择的参照群体一般来说只能是与之地位接近的群体，原因在于各群体之间界限分明。而处于社会转型期的中国，由于旧体制逐渐消退，而新体制却尚未成熟，当此之时的各个群体在与其他群体相比较时，就不再仅局限于与自己地位较近的群体，也会把距自己地位较远的群体作为参照物。一旦个体或群体难以实现价值期待与价值能力之间的一致，就容易产生相对剥夺感（赵丽丽，2009）。基于上述理解，本书采用相对幸福感的说法，一是幸福感是个体对生活状况比较容易得出的直接的感受，二是建立在与其他人或群体相比较而言的主观感知更能恰当而全面地体现主体的幸福程度。

预期个人发展信心是社会成员对未来个人自身发展趋向的某种主观判断与预测，主要涉及对个人工作与就业机会、发展空间、人际关系等涉及个人发展及权益因素方面的预期。

预期环境发展信心是社会成员对未来社会发展趋向的某种主观判断与预测，主要涉及当前社会中与社会成员密切相关并共同关注的热点问题与事件，如社会保障、社会服务、社会公正、社会排斥和社会冲突等。需要指出的是，这三个方面仅仅是对社会信心概念的初步操作化，换句话说，仅是限定了测量社会信心的大致范围，但它们应是测量社会信心最基本的核心维度。

三、社会信心研究的现实意义

无数事实证明，提升社会信心的重点在于凝聚民心，民心聚散关乎社会信心的高低，更关乎改革和发展的成败。民众的社会信心一直是党和政府倍加关注的重要问题，改革开放便是一个突出的表现，它是我国政府重建民众社会信心的重大战略决策。1978 年开放改革，民众压抑已久的激情迅速转化为生产力，在"实现四个现代化"的目标下达成广泛共识，整个社会由此形成的强盛的社会信心成为中国经济腾飞的重要推动力。

学者提出，"今天重提社会信心问题，是基于这样的社会事实：中国社会通过改革开放，在大步前进，速度比任何国家都快。但在快速发展中，无论是制度、政策，还是政府的思维、办法、执行能力，都跟不上这种速度，出现了奥格朋所言的'文化脱节'现象。与此同时，公众对生活充满着前所未有的希望，而国家的经济社会发展程度还达不到他们的要求，出现了格尔所讲的'发展型相对剥夺感'"（朱力，2013）。

此言非虚，但还应看到的是，改革开放虽使中国取得了举世瞩目的伟大成就，但改革的代价也是有目共睹，经济繁荣的背后是社会离心力的日趋扩大，如道德沦丧、信任缺失、法律失范、社会排斥等现象时有发生。特别是近些年在一些关系百姓切身利益的问题上，如住房、医疗、教育、就业、司法、社会保障、生态环境、食品药品安全等不断有丑恶事实被曝光，发达网络的推波助澜更使得这些热点事件的负面影响不断扩大，导致民众压抑、愤懑、怨恨与敌对等消极情绪高涨，民众的压力感、危机感、不公平感和相对剥夺感等社会焦虑也与日俱增，各种消极情绪的累积增加了社会风险的强度，如不及时引导和消除"社会反向情绪"，其所引起的破坏性的"负能量"必然会动摇民众的社会信心，极有可能酿发社会矛盾和冲突，阻碍改革发展的进程。

"经济社会发展的每一次前进，都源自于群体意志活动的一致性和最为强盛的群体信心；而构建强盛的群体信心，需要群体有共同的理想、信念、价值观、使命和愿景"（李春苗，2013）。尤其是当前中国的改革如"逆水行舟，不进则退"，更需要以积极向上的愿景和理念来凝聚民心，社会信心的构建是这一题中应有之义。中国共产党的十八大报告一并强调"四个自信"（道路、理论、制度、文化），可见已充分认识到信心问题的重要性。特别值得一提的是，提出"中国梦"发展理念的提出，这一理念具有最大限度为实现国家富强、民族复兴、人民幸福而凝聚人心的伟力，既是改革攻坚阶段凝聚民心的愿景激励，又是针对现实以重塑社会信心、深入推进改革的有力举措。同时，社会信心的变化对个体成长、组织变革、政府政策的制定及创造良好的改革与发展的社会心理氛围都影响深刻。可见，社会信心与"中国梦"有着千丝万缕的关联，"中国梦"的实现一定程度上表现为民众社会信心的高度凝聚。因此，开展社会信心研究，并把该研究引向系统和深入符合当前改革和未来发展的需要，而且，只有立足于中国社会的发展现实，社会信心研究才具有不竭的理论生命力。

以上是从宏观意义上对社会信心研究所蕴含的现实特质做了整体阐释，那么单从我们本研究而言，白领移民社会信心问题的研究同样不容忽视。必须承认，白领人才作为较高知识与科技含量职业的中坚力量，是实现城市转型升级、大力发展服务经济、深入推进社会建设的重要基石，他们对城市的经济与社会发展做出了巨大的贡献。与此同时，我们也要看到，在过去30年的经济发展过程中，类似于上海这样的大都市，因为其经济发达、文化宽容、社会进步等诸多原因，显然已成为国内外人才和劳动力流动的首选目标，吸引大批白领移民蜂拥而至，城市各种客观条件对他们的影响从外在到心理都是直接而显著的。

同时还应该认识到，近年来研究者对于蜗居和蚁族表现出强烈的关注，围绕的一个主要问题就是个别大都市中的居住问题。以往对于农民工、进城失地农民、新移民等的研究，侧重对城乡二元结构之间人口流动的讨论。然而，改革开放之后，中国的城市化程度得到飞速发展，在城乡二元结构之外，中小城市——大城市之间的差异已成一个新问题。在都市社会学研究者那里，不论是弗里德（Friedmalm）所说的世界城市，撒森（Sassen）所称的全球城市，还是卡斯特（Manuel Castells）所指的信息城市，都将个别大都市和其他次级的城市加以区分进行单独研究，而这些学者眼中的全球城市正超越传统意义上的城市形成新的都市空间。当个别大都市参与到全球生产体系之中发挥重要作用时，也就意味着它们在资源吸纳，白领职业的比例，以及居住条件等方面与其他城市存在非常大的差异（转引自陆巍戍，2008）。

因此，本研究在关注"城市性"的同时，一定程度上借鉴大都市性的研究视角，即倾向于将上海作为大都市，而不简单将其作为一个普通的中国城市进行考察。以极具代表性的上海白领移民群体为研究对象，不仅涉及该群体自身的结构功能，影响到白领移民自身的成长变化，而且会在一定程度对社会结构的变更和城市管理相关的政府部门政策出台产生重要影响，直接影响到微观层次上和谐社会关系的建设和宏观意义上和谐社会战略目标的实现。

四、社会信心的研究趋向前瞻

概而言之，当前中国社会的发展现实不仅把社会信心研究提上日程，还为社会信心研究创造了充分的探索空间。综合已有研究，从经验意义上而言，初始的社会信心研究一般多会关注社会信心的特征、构成因素、表现形式、社会功能和作用等表层问题，深入的社会信心研究关注的则是社会信心的本质、实践生成、历史变迁、内在运行机制、变化规律和现实嬗变等问题，这是社会信心研究的重点，也是未来社会信心研究必然的发展趋向。再者，社会信心的实证研究，即主要通过社会调查方式获悉民众对社会问题的评价，借以了解社会信心状况，这种方法极可能会在后续的研究中得到广泛的发展和运用，这时可将社会信心作为过程变量、影响变量和结果变量纳入到其他相关研究之中，从社会学、心理学、文化人类学，生物学等多学科视角开辟更加广阔的研究视野。

随着社会信心研究的推进，必将引发和带动其他相关研究的涌现。总体上说，主要可能倾向于几个方面的问题研究。

一是生活满意度、主观幸福感等关系民众基本社会状态的研究。"国以民为本"，在当前高扬"以人为本"的旗帜下，改善民众生活，满足民众利益，提升民众生活质量，是国家富强、社会进步的根本推动力，而这也正是民众社会信心建立的本质支撑。因为民众社会信心的形成离不开对自身当前所处的基本生活状况的认知，若民众维持生存都是问题，那又何谈社会信心，所以该层面的研究是社会信心研究无法回避的基础性研究点。

二是社会信任的研究，社会信任问题虽说早已被学界关注，但社会信心研究的深入必然使这一主题再次成为研究的焦点。"公众信心因人际关系的链接而涉及横向和纵向两个方面，横向的公众信心是社会成员彼此之间的信任关系的呈现，纵向的公众信心则是社会成员与国家政权或政府之间信任关系的表现"（褚松燕，2013）。可见，社会信心的凝聚很大程度源于社会成员间、社会成员与政府间信任关系的形成。但近期中国社会科学院发布的《社会心态蓝皮书》显示，2012 年中国社会的总体信任指标在进一步下降，已经跌破及格线（转引自李春苗，2013）。再以官方慈善机构为例，自 2011 年中国红十字会出现"郭美美事件"后，官方背景的慈善机构在民众心中的社会信任度直线下降，公信力降到冰点，有调查称仅一成受访者愿通过官方慈善机构捐款物（新浪网，2013）。当前中国社会的信任度下降趋势明显，民众社会信心也随之呈现离散之势。所以，社会信任研究是社会信心研究重要的现实性关注点。

三是政府公信力研究。社会信心的建立与政府公信力紧密相关，社会信心度的高低趋势变化表面上看是社会发展过程中民意民情的起伏，根本上反映的则是政府公信力的变化态势。具体来说，现实中出现的诸多令民众寒心的问题，如腐败现象的屡禁不止、政府信息的不透明、恶性公共事件的曝光、群体性事件频发等都把矛头指向政府，直接导致了政府公信力的流失。社会信心的溃散是加速度的，重塑却极为缓慢，需要个人、社会和政府共同完成，而主导力量是政府，凝聚民心的实质是提升民众对政府的信心。所以，政府公信力是社会信心研究所指向的实质性研究点。当然，随着社会信心研究的深入和社会现实的发展变化，还会有其他的研究点出现，但以上三个应是社会信心研究必然涉及，也是较有代表性、相对重要的研究点。

第二节　社会信心的实证研究

社会信心是本研究的重中之重，根据前文关于社会信心概念的综合分析，会发现研究者们并没有形成完全一致的社会信心定义，而且对社会信心进行实证研究的文献也非常少。鉴于此，本研究将社会信心作为一个探索性问题提出，充分利用和借鉴已有研究成果，深入搜集官方文献、核心期刊、新闻报道等有关资料，把握社会信心研究的最新动态，对文献资料进行整理汇总。并通过访谈了解白领移民的现实心态状况，初步总结汇总，不断由相关领域的专家和部分研究生对初编问卷进行审查、修改，开发一套适合研究白领移民社会信心的调查问卷。

问卷的形成过程包括以下四个步骤：①选取相关文献中已经被证实有效或相对成熟的测量指标作为参考；②基于本研究的研究目的，结合所研究对象自身的特点对指标进行修改；③选取代表性的调查对象进行访谈，根据实际访谈结果修订量表题目，消除初始题项的歧义或者含意模糊之处；④形成的量表征求相关学者和专家的意见，进一步完善问卷，最终形成本研究的问卷。

一、深度访谈

1. 访谈设计与实施

深度访谈方法是最适合研究题材不容易从外表观察、时间跨度长，并且概念数目较多的事件和现象（钟伦纳，1992）。实践证明，访谈研究是一种很好的对理论构思进行初步验证的工具，尤其是它可以得到问卷法难以得到的深入的数据（李怀祖，2004）。这对于检验本书设想的理论框架是有帮助的，同时也能为后续研究奠定一定基础。因为本研究属于探索性研究，访谈对象主要为具有较高学历和一定工作经验的白领移民，他们大多对自身发展和社会发展有较为深入的思考。所以我们采用既具有较强理论构思又具有灵活性的半结构化深度访谈法，通过追问式的访谈设计诱发其内隐认知，并使其外显化（王重鸣，1992；王重鸣、王益宝，1995；谢小云，2005）。在访谈中，首先要求被访者提供涉及预期信心度的关键因素，并根据已做好的访谈提纲提问访谈对象，访谈结束后，按内容分析方法的原则将访谈内容如实地整理成若干访谈案例，最后对这些访谈案例进行内容编码与内容分析，并对之加以总结提炼。

在样本选取上，本次访谈有目的地选取 10 名白领移民（2 名高级白领、2 名中级白领、6 名初级白领），被访者均符合如下条件：在上海市工作 1 年以上、大专以上学历、从事非体力劳动的、出生地非上海市。满足以上条件的受访者对访谈涉及的内容能有比较明晰的理解，因此，能在很大程度上确保被访者透露含金量较高的信息，这有利于提升访谈结果的针对性和有效性。具体访谈样本情况如表 3 - 1 所示。

表 3 - 1　访谈对象基本情况

访谈对象	出生地	年龄	来沪时间	学历	上海户籍	职业类别
A	长春	34	5	博士	是	编辑
B	青岛	24	1	本科	否	职员
C	重庆	34	10	本科	否	职员
D	辽宁	40	15	硕士	是	经理
E	天津	48	8	博士	是	高校教师
F	江苏	26	3	硕士	否	职员

访谈对象	出生地	年龄	来沪时间	学历	上海户籍	职业类别
G	宁波	30	5	本科	否	职员
H	辽宁	29	2	博士	是	研究员
I	福建	25	3	大专	否	职员
J	安徽	24	1	大专	否	职员

根据本研究对社会信心的概念界定，我们在深度访谈中，提出以下访谈提纲：

（1）您对目前生活的幸福感程度如何？与哪些人相比您的幸福感较高？与哪些人相比您的幸福感较低？

（2）在上海生活，您认为哪些因素对个人发展很关键？未来3年中，您对上海市在提供这些因素上信心如何？请分别说明。

（3）您认为哪些因素对上海城市的发展很关键？未来3年中，您对上海在提供这些因素上信心如何？请分别说明。

为了最大程度确保本研究能获得翔实而准确的资料，笔者在现场访谈中都采用半结构式访谈。通常做法是，访谈前，向被访者承诺严格遵循信息保密原则，本次访谈所得数据仅用于学术研究。直接告知被访者访谈主题，并说明主要按照事先设计好的访谈提纲展开访谈。访谈中，为确保研究信息的完整性和全面性，也为了避免事后回访，访者会根据研究主题及现场访谈的具体情况，允许被访者进行一定程度的自由发挥，并进行适当的追问，以最大化地收集数据信息。

此次访谈用时5天，每次正式访谈时间均控制在40分钟左右，为便于访后对访谈资料进行分析，访谈中做了录音，同时做了书面记录。为尽可能多地保留真实的访谈信息，一般在访谈结束的当天，我们就尽量以价值中立的原则将访谈记录如实地整理成文。

2. 数据分析方法

由于以往文献对社会信心构成维度缺乏专门研究，尤其没有明确提出最适合的指标用于衡量每一社会信心维度。因此本研究需要对访谈内容进行客观的结构化分析，从访谈所得的资料中剥离并凝练出影响社会信心形成的关键因素及各因素的测量指标。

本研究对访谈内容进行分析时采用内容分析法。在不同的标准之下，目前内容分析方法的分类也是不同的。根据分析的手段及过程特征的标准，研究者将内容分析技术分为三大类：解读式内容分析法、实证式内容分析法和计算机辅助内容分析法。其中实证式内容分析法包括定量内容分析法和定性内容分析法。定量分析法指将文本内容划分为特定类目，计算每类内容元素出现频率，描述明显的内容特征。定性内容分析法则指对文本中各概念要素之间的联系及组织结构进行描述和推理性分析（邱均平、邹菲，2003）。

本研究采用的就是实证式内容分析法中的定量分析技术。研究者认为，完整的实证式定量内容分析方法一般包括以下几个研究步骤：①提出研究问题或假设；②制定研究范围；③抽样；④选择分析单元；⑤建立分析的类目；⑥建立量化系统；⑦进行内容编码；⑧分析数据资料；⑨解释结论；⑩信度和效度检验（李本乾，2000；邹菲，2004）。本书即按上述研究步骤思路展开研究，并根据具体研究问题的需要，对一些步骤的先后顺序加以变更，或者对多个步骤进行合并处理。

本研究根据具体问题的研究需要，建立了类目尺度的量化分析系统。采用定量的语义内容分析方法，即"以文字符号所含的信息意义为分析单元，对反映特定内容的文字符号作统计分析"（吴世忠，1991）。通过这种方法，以预先建立的社会信心目标类别为依据，以句子为最小分析单元，对半结构式访谈过程中获取的目标材料加以分析，最后对分析材料进行归类处理。

3. 资料分析

（1）确定分析单元。内容分析法的第一个关键性步骤是确定分析单元，本书通过整理10位白领移民的访谈材料，以确定最小的内容分析单元，本研究是指具备相对独立完整信息的句子或段落，之后对同类事物特征进行考察和概括。在内容分析的具体实施过程中，依据 Weber（1990）的单重归类原则，即把每个同时带有多个类别的属性分析单元归入最合适的内容类别中。我们通过第一次编码获得了105个分析单元，经过专家的二次编码，删除了属性不清的原有的13个分析单元，最终进入正式编码资料的是92个分析单元。例如，下面的段落就是摘选自一份访谈材料，比较有代表性，共包含了6个分析单元。

我博士毕业就来上海了，在一个杂志社当编辑，3年前结婚，我先生是江苏人，来上海7年，宝宝刚1岁，觉得现在无论是工作还是家庭方面都挺好的，和我们父母辈那个年代相比，幸福感一定要高很多。我是在高校的学报当编辑，这个工作挺适合我的，主要是工作时间弹性较大，工作环境比较简单，<u>比周围人要有更多的时间来照顾家人</u>。

当然，我和我先生都是外地来上海的，算是国内移民吧，上海这个城市很有魅力，吸引了太多的人来，竞争激烈，<u>但人才服务</u>、公平就业机会都要比其他城市好得多，我想将来会更好。有挺多人说要逃离北上广，我可不离开。上海的生活环境整体应该是全国最好的吧，你像社会监督啊、政策执行啊、信心透明度都挺好的，<u>食品安全什么的虽然总出现问题，但还不是太担心，不过我得经常关注</u>，真要吃到就不好了，哈哈。要是不移民国外，国内还是上海最好，其实去国外也不见得就比我现在好，我对上海的发展有信心。当然，上海这个大都市，什么样的人都有，有钱的你无法想象，没钱的人过的生活你也想不到，我也就是个中下层吧，细想想比上不足比下有余，也没那么多的<u>不公平感了</u>。

（2）建立内容分析类别与编码表。本研究除笔者之外，还求助于熟悉白领移民研究内容的1名博士生和1名硕士生，邀请他们直接参与建立内容分析类别的前期准备工作。对各分析单元所体现出的社会信心的各个关键因素，先是选择简洁的形容词进行描述，然后对描述词语加以总结归纳，并与前期相关理论文献资料相结合，根据内容、类别之间相关排斥的原则进行分析筛选，建立了即期相对幸福感、预期个人发展信心和预期环境发展信心三个分析类别，并分别给出定义。

表3-2　社会信心内容结构要素分析类别定义

即期相对幸福感：是社会成员个人对当前的生活状况，经过横纵比较后所形成的一种主观上的幸福认知。
预期个人发展信心：是社会成员对未来个人自身发展趋向的某种主观判断与预测。
预期环境发展信心：是社会成员对未来宏观环境发展趋向的某种主观判断与预测。

按照学者的说法，本质上而言，内容分析过程体现为两个相互影响的过程，即详细说明被检测内容特征的过程和运用明晰规则识别和重新编码这些内容特征的过程（Berg，2001）。因此，内容分析在提高研究效度的环节中是最关键的，其重要作用是确立识别和编码内容特征明细规则。而编码表的构建过程正在于此，它是识别和确立编码内容特征明细规则的过程（编码表见表3-2和表3-3）。

表3-3 社会信心内容结构要素编码

即期相对幸福感：

社会成员个人对当前的生活状况，在与前辈、同龄人、周围他人（包括本地人、外地人）以及自己以前的状况相比较之后，形成的一种主观上的幸福认知。

预期个人发展信心：

是社会成员对未来个人自身发展趋向的某种主观判断与预测。这种判断基于上海将提供的人才服务领域、个人的发展机会和工作与就业机会之上的。

预期环境发展信心：

是社会成员对未来宏观环境发展趋向的某种主观判断与预测。这种判断基于上海宏观环境的预测，包括生态环境、食品安全和财富与收入的分配。

（3）内容编码。提高编码的信度是研究者所主要关注的内容之一，这是科学性和准确性研究原则的体现，通常来说研究中应有三位编码者进行独立编码。为此笔者邀请三名社会学博士生作为编码员，在进行必要的培训指导和预编码实训之后，对已整理好的访谈案例中的92个分析单元进行各自独立编码，这一过程中为最大限度地避免无关变量的影响，并没有把真实研究目的告诉编码者。同时，为简化编码工作，本研究设计了统一的编码指导语及标准化的编码表格。

（4）编码信度和效度检验。

第一，编码信度检验。李本乾（2000）等认为，一般可以通过计算编码者的一致性程度得出内容分析的信度。本研究采用编码信度检验公式：$CA = \frac{T1 \cap T2 \cap T3}{T1 \cup T2 \cup T3}$，其中，$T1 \cap T2 \cap T3$ 表示三个编码者编码归类相同的个数，$T1 \cup T2 \cup T3$ 表示三个编码者各自编码个数的并集（袁登华，2004）。一般来讲，研究中，编码者的一致性程度达0.8以上为可接受水平，0.90以上则为较好水平。本研究通过对三位编码员的编码结果加以信度检验，表3-4所示即为得到的结果。可以看出，编码结果达到可接受的信度水平，因为各内容类别具有较高的一致性。

表3-4 社会信心编码一致性程度

社会信心维度	CA
即期相对幸福感	0.92
预期个人发展信心	0.89
预期环境发展信心	0.93

第二，编码效度检验。本研究采用"内容效度比"（content validity ratio, CVR）来对内容分析的效度检验进行评定，其计算公式为 $CVR = \dfrac{ne - N/2}{N/2}$，以上公式中 ne 为评判中认为某项目很好地表示了测量内容范畴的编码者人数；N 为编码者的总人数。该公式表明当认为项目内容适当的评判者人数不到一半时，CVR 为负数。如果所有人认为内容不当时，CVR = -1.0；当认为项目合适和不合适人数相等时，CVR 值为零；而当所有评判者都认为项目内容很好时，CVR = 1.0（王重鸣，1998）。本研究分别计算了 3 个编码者对社会信心各维度分析单元的 CVR，结果显示，影响因素 86 个分析单元的 CVR = 1.0，6 个分析单元的 CVR = 0.33。综合来看，本研究编码结果内容效度是非常好的。

（5）编码结果分析。如表 3-5 所示，是对访谈材料中涉及社会信心维度的方面加以归类，并进行频次统计，从高提及的频次结果可看出，三位编码者归类的内容在含义上都能准确反映相应的类别。因此，通过内容分析获得的社会信心的三维设想具有很好的内容效度。

表 3-5　访谈内容归类编码

社会信心维度	频次
即期相对幸福感	10
预期个人发展信心	9
预期环境发展信心	9

4. 研究结果

整体来看，本研究通过深度访谈，取得了翔实的质性资料，经过编码所析出的维度来看，对前文所提出的理论模型加以印证，并初步获得社会信心各维度的测量指标（见表 3-6），这就为后面的定量研究积累了充分的题项来源。

表 3-6　社会信心构成维度与测项

即期相对幸福感	预期个人发展信心	预期环境发展信心
与父母辈相比	人才服务	生态环境
与自己 5 年前相比	就业机会	财富与收入分配
与同龄人相比	个人发展机会	食品安全

续表

即期相对幸福感	预期个人发展信心	预期环境发展信心
与周围本地人相比		
与周围外地人相比		
与外地人相比		
与农民工相比		

（1）即期相对幸福感。通过内容编码分析技术，我们首先提炼出社会信心即期相对幸福感维度。在所采访的10名被访者中有10人认为即期相对幸福感是社会信心的首要构成维度。第一，与父母辈相比。受访者9次提到"比父母那个年代要幸福"，认为时代的差异性很大，现在的生活各个方面改善都非常大。第二，与周围人相比。受访者分别7次和9次提到"周围本地人""周围外地人"。拥有上海户籍的本地人表现出比较突出的优势，更多的是心理认同和地域归属方面；由于此次研究对象为上海白领移民，因此被访者对"周围外地人"的提及频次较高，幸福感自评差异较大。第三，与自己相比。受访者多次提到"与自己以前比"，多数人认为生活环境有所改善，但幸福感并没有太大变动。还有一些人认为当前上海的压力过大，可能物质条件提高了，但幸福感反而降低。

（2）预期个人发展信心。深访中的9名被访者认为社会信心中很重要的一部分为个人发展信心的评价。第一，就业机会。被访者20次提到就业机会公平，认为上海不断进行的产业结构调整的确提供了大量工作机会和就业空间，但上海居民拥有更多就业机会的同时也有了更大的竞争，就业公平问题需要解决。第二，人才服务。被访者多次提到上海市各级主管部门对劳动力市场的人才服务，提供更多更优质的资源，促进个人职业生涯的发展。第三，发展机会。被访者5次涉及个人发展问题，相对公平的社会氛围，多方位的、专业化的配套人才服务，形成了更充分的个人发展机会。

（3）预期环境发展信心。深访中9名被访者认同预期环境发展信心为社会信心的具体表现。通过编码分析我们获悉，预期环境发展信心是社会信心整体概念的重要维度之一，从而对环境发展的判断预测直接影响对社会信心的整体评价。第一，食品安全。受访者10次提到食品安全问题，民以食为天，食品安全是一个民生问题。因此这一方面直接影响人们对所在地区社会信心的判断。第二，生态环境。可持续发展理念越来越为人们所接受，多数被访者认为生态环境和社会发展是一对相互依存的因素，良好的生态环境可以吸引更多的人来到上海"安居乐业",从而对上海社会发展有更强的信心。第三,财富与收入的分配。"贫富差异"在当前社会是个普遍关注的话题,上海作为一个优质资源集散地尤为突出。贫富差异过大所造成的不公平感,阻断了人们上升更高阶层的机会,势必会影响人们对社会信心的预判。

二、量表开发

1. 测量指标的形成

在对已有文献全面回顾的基础上,为最大化地推导出测度社会信心的初始题项库,本研究运用了归纳法进行整合,经过处理共识别出测度指标 15 个,其中,反映即期相对幸福感的指标 8 个,预期个人发展信心的指标 3 个,预期环境发展信心的指标 4 个。

表 3 - 7　社会信心初始题项库

社会信心（15）	即期相对幸福感（8）
	与父母辈相比
	与自己 5 年前相比
	与同龄人相比
	与周围本地人相比
	与周围外地人相比
	与外地人相比
	与外国人相比
	与农民工相比
	预期个人发展信心（3）
	人才服务
	就业机会
	个人发展机会
	预期环境发展信心（4）
	生态环境
	财富与收入分配
	食品安全
	交通服务

2. 深度访谈题项筛选

本研究选择了 10 名上海白领移民作为前期的研究对象。通过科学规范的深度访谈以确保测量指标体系的适当性，在这一前提下，访谈人员在访谈中采取半结构式访谈，引导被访者罗列出描述社会信心各维度的最适合的指标，由此，社会信心各维度所对应的具体测量指标最终会逐一产生。

研究要求观察初始题项库之后，要从题项库中剔除访谈中提及频次偏低的题项。依此原则，有 13 个题项在深访过程中被频繁提及，其中，反映即期相对幸福感的指标 7 个，预期个人发展信心的指标 3 个，预期环境发展信心的指标 3 个。

表 3-8　社会信心深访后题项库

即期相对幸福感	预期个人发展信心	预期环境发展信心
与父母辈相比	人才服务	生态环境
与自己 5 年前相比	就业机会	财富与收入分配
与同龄人相比	个人发展机会	食品安全
与周围本地人相比		
与周围外地人相比		
与外地人相比		
与农民工相比		

3. 专家预审题项库

本研究邀请了该领域的研究专家和学者进行量表讨论和修正，以进行量表的内容效度检验。其中，移民研究专家 1 位，在社会信心相关研究方面有所建树的社会学学者 2 位。在社会信心的相关概念及测量维度被事先告知专家和学者的情况下，然后请他们依照每一测量指标描述相应维度的适合程度进行评分。最后被保留下来的题项，应是专家认为在一定程度上具有代表性的。经过这一过程的选审，删除 1 个题项，最终确定 12 个指标作为用于测量的正式量表中的题项，其中反映即期相对幸福感的指标 6 个，预期个人发展信心的指标 3 个，预期环境发展信心的指标 3 个。这与深度访谈的分析结果十分接近。

表3-9 社会信心专家预审后题项库

即期相对幸福感	预期个人发展信心	预期环境发展信心
与父母辈相比	人才服务	生态环境
与自己5年前相比	就业机会	财富与收入分配
与同龄人相比	个人发展机会	食品安全
与周围本地人相比		
与周围外地人相比		
与外地人相比		

4. 编制正式题目

通过上述题项分析的结果，结合被访者的语言习惯和表述方式，对题项重新进行号码编排，最终把社会信心分解为3个维度，12个题项。由于社会信心相关领域的研究在国内刚刚兴起，国外也没有检索到与本研究主题相关的理论模型和研究量表。因此，所编制出的研究量表在信度与效度水平方面都有待检验。

表3-10 社会信心正式题项库

	维度	编码	题项	赋值
社会信心(12)	即期相对幸福感(6)	C1	与父母辈相比	5 非常幸福 4 较为幸福 3 一般 2 较为不幸福 1 非常不幸福
		C2	与同龄人相比	
		C3	与周围本地人相比	
		C4	与周围外地人相比	
		C5	与自己5年前相比	
		C6	与外地人相比	
	预期个人发展信心(3)	C7	人才服务	5 非常有信心 4 比较有信心 3 一般 2 比较没信心 1 非常没信心
		C8	每个人的发展机会	
		C9	工作与就业机会	
	预期环境发展信心(3)	C10	生态环境	
		C11	食品安全	
		C12	财富与收入的分配	

总之，白领移民在生活中所面临的生活状况是复杂多样的，因此他们的社会信心也存在多样性，必然不易把握，如何对社会信心进行有效的测量是深入研究

的基础，也是研究者的关注点。本研究基于已有的研究成果和实践经验，通过文献研究、访谈和调查等方法，编制白领移民社会信心问卷，上海白领移民社会信心包含三个基本维度：即期相对幸福感、预期个人发展信心和预期环境发展信心。与传统的社会信心二元结构比较，社会信心三元结构具有一定的优势：一是内容结构的划分进一步细化，更容易理解的同时，也提高了社会信心测量的可操作性；二是在社会信心的测量上，二元结构和三元结构所包含的测量指标也存在一定差异，相对来说，三元结构的测量指标和对应题目更有针对性。

第四章
研究设计

第一节　研究对象

　　作为我国人口规模最大、经济最发达的城市，上海已成为外来人口迁移的首选城市之一。国务院于1990年做出开发开放上海浦东的重大战略决策之后，众多国内外人才相机而动，纷纷涌向上海。特别是在1992年，邓小平的"南方谈话"对于新一轮人口流动的蓬勃发展推波助澜，从而直接引致各行各业的人才和劳动力向沿海大中城市转移，上海更是首当其冲。

　　在关于城市新移民的研究中，学者们认为，城市新移民是指20世纪80年代中国改革开放以来通过正式或非正式途径实现自我或家庭的区域性迁移，已在移居城市中获得相当稳定的工作和住所并具有定居意愿的流动群体。它主要包括三类：农民工群体；拥有城市户籍但来自其他城市的居民；来自外地的大学毕业生。前者又可称为非白领移民，后两者可称为白领移民（马西恒、童星，2008；雷开春，2008）。根据一项对上海市第五次流动人口的抽样调查的研究，将国内移民分为三大类：社会移民、农村劳动力移民和其他移民。社会移民主要指来沪学习、培训、因公出差到上海的人群；劳动力移民又称经济移民，是指那些拥有农村户口或来自外省市、中小城市的，在上海从事体力劳动、建筑业、手工业、服务业等行业而非工作分配到上海的人群。其他的如治疗养病、旅途中转、旅游购物等都属于第三类（陆芳萍，2005）。在这一研究中，本书所指的白领移民多数属于第二类。

白领移民是一个具有特殊性的群体，其主要原因在于它具有白领和移民双重属性，所以，我们对其界定也需要同时考虑这两方面因素。但笔者更倾向于认为白领移民根本说来是具有移民属性的白领，所以我们关注的侧重点是白领群体。

不可否认，虽然白领群体是备受社会学界关注的研究对象，但对于何为"白领"的问题长期以来没有定论。在首次提出"白领"概念的社会学家赖特·米尔斯那里，白领阶层主要指不直接从事物的生产的职业劳动者，或者说是非体力劳动者，但不包括管理的最高领导者（雷开春，2008）。在李友梅教授（2005）看来，按照国际上的标准，通常将国家机关、党群组织、企事业单位负责人、各类专业技术人员、办事人员和职员、商业服务业人员归入白领阶层。而具体到上海而言，李友梅认为，上海白领群体中的很大一部分（占整个白领群体的90%以上）是面向市场的，所以称之为"S白领"，该群体是在一个"群体快速组合"与"内部高速流动"的交互性过程中生长起来的。一方面，在上海产业结构、职业结构的大规模调整过程中，大量的高素质人员开始从国内其他地区以及海外流向上海，他们与上海本地人才共同组合成了上海S白领职业群体。另一方面，由于具备良好的教育背景、工作经验，白领从业者在职业流动上占据优势，快速的职业流动使得该群体不断壮大。所以，"S白领"是本研究白领移民的重要组成部分。并且按照这一理解，雷开春（2009）的研究中认为在本地接受学校教育的群体、回沪知青子女群体以及外来知识精英群体等是白领新移民群体的重要来源。

同时，白领移民又具有移民属性。多数研究者把白领移民看成是城市新移民的一部分，这一问题是国内"移民"问题研究的一个新领域。城市新移民之所以"新"，众多学者给出了自己的看法：

一是因为他们的迁移活动是在"户籍制度"等制度性因素破除后，所出现的"新型移民"，其流动具有相对自由性。也就是说，这种移民不是制度安排的结果，而是自由选择的结果。城市新移民，不仅包括农村劳动力转移中的"潜在"定居者，同时也包括那些已经取得在城市的居住权，得到社会制度认可的移民（陈海平，2010）。与此类似，有学者认为"新移民"中的"新"字，主要是相对于20世纪80年代以前的老移民而言。在中国，经过长期计划经济体制和户籍制度的双重稳定作用，老的城市移民都已转化为"本地人"。新移民中的"新"主要意指"新时代"，同时也蕴含"新特性""新问题"的意味（童星、马西恒，2008）。

二是指在社会生存环境层面上，城市新移民在迁入地所面临的社会环境或社会关系网络是全新的（陈海平，2010；童星、马西恒，2008）。所以，"新移民"的概念只是对一种既存事实的认定，是个社会性的概念而非法律上的身份标志。马清（2007）在研究中直接将城市新移民与白领移民等同使用，将那些因毕业分配、工作调动和投资创业而集聚在大城市里生活和工作的人员形成的移民群体称为城市新移民，或城市白领移民。他认为这一群体具有几个突出的特点：①主要是知识移民、财富移民或技术移民，具有一定的知识水平、技术能力或者经济基础，所从事的主要是脑力型、技术型等白领类的工作；②不是制度安排的结果，而是自愿选择的结果；③具有相对固定的住所和收入，而且有定居城市的倾向和行为；④该群体是改革开放之后产生的，与国际移民相区别，属于国内移民。他所定义的白领移民，主要是指在改革开放后，自我选择的劳动力区域转移，所从事的是以脑力型、技术型为主的工作，已经获得相当稳定的工作和拥有固定住所，并且主观上具有长期定居于所在城市的群体。

雷开春对于城市新移民（主要是白领移民）的研究较为深入，她在研究中综合了其他研究者的观点指出，国内白领移民大多拥有较高的人力资本，能够进入正规经济部门和一级劳动力市场，成为国家机关、党群组织、企事业单位的负责人、各类专业技术人员、办事人员和职员（仇立平，2001；李友梅，2005；刘精明、李路路，2005；转引自雷开春，2008）。雷开春（2011）提到以下看法，在由非公有制经济人士和自由职业者组成的新社会阶层人数高达5000万人，新社会阶层中的很大一部分是异地创业或就业的，也是城市白领新移民的重要组成部分。张文宏、雷开春（2008）在研究中提到，2004年以后每年约有200万人左右大专以上毕业生在异地城市就业或创业；1978～2006年留学回国人员总数达27.5万人，他们多数走向了白领移民的行列。并且，他们在该研究中主要关注那些1992年以后凭借人力资本或专业技术知识优势到上海寻求更好发展机会的白领新移民。

在借鉴已有研究的基础上，结合上海白领移民的实际情况，本研究所界定的白领移民，是指改革开放以来，特别是1992年正式提出建立社会主义市场经济体制以后，通过求学、毕业分配、就业、工作调动、投资创业等方式从外地流动、迁移到大城市里生活和工作的人员形成的移民群体称为城市白领移民。所从事的是以脑力型、技术型为主的工作，他们中的绝大多数具有在上海定居、生活的现实或者意愿（尽管不一定获得本市户籍）。

第二节 研究工具与研究假设

一、研究工具

就研究的性质而言，本研究属于探索性研究。在研究方法上，本书把定性研究与定量研究结合在一起共同完成研究分析和论证，并以定量分析为主，全面调查和分析白领移民的社会信心问题。定性材料的收集主要采用了文献研究法和访谈法，定量研究则运用的是问卷调查法。既重视文献资料的阅读和收集，也重视实地的调查研究。

具体来说，首先通过文献研究进行资料收集工作，得到与本研究有关的理论与数据，本书主要是通过对生活压力、社会适应和社会信心等相关文献的回顾，梳理了生活压力、社会适应和社会信心三个主要变量的相关研究，明确目前国内外关于白领移民社会信心相关领域的研究现状与研究趋势，并认清已有研究取得的进展和存在的不足，深化和修正本研究需要解决的问题和研究的初步理论构思，并在此基础上提出本书的理论研究框架，详细阐述各假设与分假设。

接下来进行深度访谈。由于针对社会信心量化操作研究并未形成一致性的认同，目前依然处在一个探索性研究阶段。因此，本研究在借鉴国内外已有文献研究的基础上，设计出具有目的性的访谈提纲，对上海白领移民进行半结构化的深度访谈。我们先是有选择地抽取白领移民个案，然后运用访谈提纲，进行个人深入访谈，旨在深入探索当前上海市白领移民的社会信心情况，目的是挖掘一些难以用定量方法发现的深层问题，来完善问卷调查方法的局限性。并采用内容分析技术对深度访谈获取的资料进行了分析，从而帮助我们得出社会信心初始问卷。

因为白领移民群体的特殊性，通过对实际情况的了解更加能够筛选出适合中国国情的情景评测的问项，使得问卷调查中的测试因素更加符合实际。另外，通过和访谈对象的交流发现前面的研究构思中存在的疏漏部分，进而对原有构思进一步补充和完善。最后将需要调查的问题转化成问卷的形式，采用较大样本的调查问卷开展定量研究，用量化的指标来反映白领移民的社会信心状况。

总之，本研究运用定量研究与定性研究相结合的研究方法，研究白领移民的社会信心问题。一方面，采用较大样本的调查问卷开展定量研究，用量化的指标来反映白领移民的社会信心状况，通过深入分析，检验不同因素对白领移民社会信心的影响；另一方面，通过对不同白领移民的深入访谈，深入理解和获得有关白领移民社会心理健康状况及其影响因素的内在问题。因此，就方法论而言，本研究所使用的研究方法能在一定程度上减少个人的主观误判和方法论上的偏差，最大程度确保研究的科学性和准确性。另外，本研究从不同渠道获取的信息资料相对比较全面、可靠，能较为真实地反映白领移民社会信心问题，并为相关研究的开展及政策制定提供科学依据。

二、概念模型

本研究主要是探讨生活压力对上海白领移民社会信心的影响及程度，并检验社会适应在影响过程中的中介作用。根据研究思路及之前研究综述提出如下概念模型，如图 4 - 1 所示。

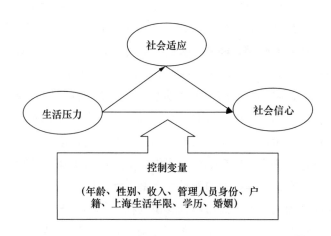

图 4 - 1　研究概念模型

三、研究假设

根据研究思路及前文文献回顾提出如下假设：

H1：白领移民生活压力对其社会信心有显著的负向预测作用。

H1a：白领移民生活压力各维度对即期相对幸福感有显著的负向预测作用。

H1b：白领移民生活压力各维度对预期个人发展信心有显著的负向预测作用。

H1c：白领移民生活压力各维度对预期社会发展信心有显著的负向预测作用。

H2：白领移民生活压力对其社会适应有显著的负向预测作用。

H2a：白领移民生活压力各维度对文化适应有显著的负向预测作用。

H2b：白领移民生活压力各维度对心理适应有显著的负向预测作用。

H2c：白领移民生活压力各维度对生活适应有显著的负向预测作用。

H3：白领移民社会适应对其社会信心有显著的正向预测作用。

H3a：白领移民社会适应各维度对即期相对幸福感有显著的负向预测作用。

H3b：白领移民社会适应各维度对预期个人发展信心有显著的负向预测作用。

H3c：白领移民社会适应各维度对预期社会发展信心有显著的负向预测作用。

H4：白领移民社会适应在生活压力对社会信心的影响过程中具有中介作用。

H4a1：白领移民文化适应在生活压力对社会信心的影响过程中具有中介作用。

H4a2：白领移民文化适应在生活压力各维度对社会信心各维度的影响过程中具有中介作用。

H4b1：白领移民心理适应在生活压力对社会信心的影响过程中具有中介作用。

H4b2：白领移民心理适应在生活压力各维度对社会信心各维度的影响过程中具有中介作用。

H4c1：白领移民生活适应在生活压力对社会信心的影响过程中具有中介作用。

H4c2：白领移民生活适应在生活压力各维度对社会信心各维度的影响过程中具有中介作用。

第三节　数据与统计分析方法

一、数据来源

研究数据[①]来自上海大学上海社会科学调查中心 2011 年 7 月进行的上海市新

---

① 本书数据来自上海大学上海社会科学调查中心的调查项目，在此对调查中心及工作人员表示感谢！

白领生活压力与社会信心问卷调查。本研究使用的是我们自行编制的调查问卷。在正式问卷编制之前，我们先针对调查中可能涉及的主要问题与一些研究对象进行了开放性的交谈，借此对调查的基本情况加以初步的了解。做完这些探索性工作之后，研究人员根据已有研究及所理解的实际情况着手设计问题，经过研究人员多次讨论和修改，初步确定问题，在将各项问题汇总之后初步形成调查问卷，利用这一问卷我们还进行了试调查。根据试调查中反馈的问题，我们逐一对问卷初稿进行了认真分析和修改，最后定稿（正式的调查问卷见附录）。

本调查采用"受访者推动抽样（Respondent Driven Sampling）"方法（赵延东、Pederson，2007），该方法是在传统"滚雪球抽样"方法的基础上，结合社会网络分析的理论和方法，从而根据样本对总体特征做出合理的推论，特别适合对规模和边界不太清楚、不愿意暴露身份的隐藏人口进行研究（张文宏、雷开春，2008）。这种 RDS（受访者推动）抽样方法已被学者应用于移民相关研究之中，调查采用的原因在于，一方面因为现行户籍政策的影响，许多上海白领新移民没有上海户籍，甚至缺少居住证或暂住证，所以不可能建立一个涵盖所有白领新移民的完整抽样框；另一方面白领新移民自身的特殊社会阶层地位大大降低了他们接受面访和配合调查的可能性（张文宏、雷开春，2008；雷开春，2011；孙秀林、雷开春，2012）。

根据课题的研究需要及上海的实际情况，在具体调查过程中，样本选择的指标操作化为：大专及以上学历；从事非体力劳动的职业；在上海工作或生活一年以上；年龄小于 45 岁；出生地非上海，户籍不限。并且，在实际调查过程中对调查进行质量控制，要求调查员注意如下问题：①被访对象在年龄、性别和职业上应尽量分散；②在被访对象管理级别上，应尽量保持不同职位的分散性；③因为上海市各区经济发展水平不同（甚至差异较大）、白领移民居住条件也存在区域性差异，所以在访谈对象选择上应充分考虑这些因素。并且为了研究的对比分析，在抽样推动的过程中对一些指标进行了配额：在体制内工作的，不少于 100 个；在新兴行业工作的，不少于 100 个；非上海人转为上海户籍的，不少于 100 个；来上海十年及以上的，不多于 100 个。此外，为了避免访问对象出现较高的同质性，对受访者推荐的符合条件的同一企业/单位里的访问对象数量也进行了控制：1000 人以下的企业，不超过 5 人；1000 人以上的企业不超过 10 人。

本研究的问卷调查采用入户面访和电话回访两种方式。抽样种子的选择包括两方面：一是以研究成员个人熟悉的、并适合本研究的调查对象为起点，调查结束后，通过这些调查对象获得其他潜在被访者的信息，然后经过他们介绍继续扩大调查样本；二是本次调查的访员自由推荐符合本研究的对象，之后由种子开始逐级推动，直到满足研究所需的样本总数为止。因为白领移民群体的特殊性，为确保调查问卷的质量，我们在实地问卷调查中，只是对研究对象直接认识的潜在被访者做了二级抽样，也就是说，仅是抽取与研究成员和访员直接认识以及成功访问的调查对象直接认识的被访者。

本次问卷调查开始于 2011 年 7 月初，到 2013 年 7 月底结束。调查队伍由上海大学社会学院社会学专业博士研究生、硕士研究生及本科生构成，在调查前对所有访员进行了系统的专业培训。调查成功访问了 1046 名白领，数据显示，样本和总体在性别、年龄、户口状况、婚姻状况、教育程度、工作单位性质等指标的分布比较接近，具有代表性。

二、主要统计分析方法

总体来看，本研究将运用统计分析软件（Stata 12.0 和 Amos 17.0）对调查所收集的样本数据进行分析，检验之前基于理论和文献回顾所提出的假设。数据统计主要运用的方法包括：对于样本数据的一般性描述性分析，包括频数和均值等；将数据样本分成两个部分，分别进行运用探索性因子分析和验证性因子分析对理论模型进行验证和质量评估，对数据进行信度、效度的测量；基于大样数据，采用方差分析、相关分析、回归分析、结构方程模型等方法，对本书的理论框架和相应假设逐一进行检验。

具体说来，包括如下几个方面。

1. 因子分析

因子分析法是两种分析形式的统一体，即验证性分析和纯粹的探索性分析。探索性因子分析法是一项用来找出多元观测变量的本质结构并进行处理降维的技术。因而，EFA 能够将具有错综复杂关系的变量综合为少数几个核心因子。验证性因子分析是对社会调查数据进行的一种统计分析。它测试一个因子与相对应的测度项之间的关系是否符合研究者所设计的理论关系。

探索性因子分析和验证性因子分析是因子分析的两个重要的组成部分，两者密不可分。研究表明，实际研究中两者结合运用时，所取得的效果更好。一般来说，如果所开展的研究在理论基础方面较为欠缺，并不能提供有力的理论框架，那么，在有关施测变量内部结构问题上，通常做法是通过运用探索性因子分析以产生一个关于内部结构的理论，之后再运用验证性因子分析。上述做法是比较科学的做法，但一个硬性的要求是必须使用两组分开的数据才能保证研究的正确性和科学性。

因此本研究运用因子分析方法探索和验证社会信心、生活压力和社会适应的结构模型。具体方法是随机将大样本数据分成两部分，先用其中的一半数据做探索性因子分析，在经过分析得到因子后，把另一半数据做验证性因子分析。如果验证性因子分析的拟合效果非常差，那么还必须用探索性因子分析来找出数据与模型之间的不一致（周晓宏、郭文静，2008）。

2. 单因素方差分析

方差分析（analysis of variance，ANOVA）是数理统计学中常用的数据分析方法之一。它适用于两个及两个以上样本均值差别的显著性检验。其中单因素方差分析是用来研究一个控制变量的不同水平是否对观测变量产生了显著影响。本研究运用单因素方差主要是分析考察分类控制变量对社会信心及其各维度的影响。

运用方差分析的基本思想：通过分析研究不同来源的变异对总变异的贡献大小，确定可控因素对研究结果影响力的大小。方差分析的目的在于，检验因变量与自变量是否独立。通过分析分类的自变量对数值型因变量的影响，探讨他们之间是否相关以及关联的强度。其采用的方法是，检验各总体的均值是否相等，并以此来判断分类自变量对数值型因变量是否有显著作用。

如果完成上述的基本分析，便可初步得出控制变量对观测变量是否造成显著影响的结论。由于单因素方差分析的假定条件之一是每个总体具有相同的方差，因此本研究还使用 Bartlett 卡方统计量（χ^2）对方差齐性进行检验。

3. 相关分析

相关分析是研究随机变量之间的相关关系的一种统计方法。

数据（x，y）趋向沿着一条直线路径变化，则两者就有一个线性相关关系；随着 x 的变化，y 值变化的精确性就确定了线性相关关系的强度；就方向而言，当 x 增加（减少）时，y 的取值也随之增加（减少），则 x 和 y 之间呈正向关系；相反，当 x 增加（减少）时，y 的取值却随之减少（增加），则 x 和 y 之间呈负向相关关系。

线性相关系数是一个衡量变量之间相关程度的统计量，是描述两变量线性关系强度及方向的数值。在统计学中，一般用样本相关系数 r 来推断总体相关系数。

$$r = \frac{1}{n-1} \sum_{i=1}^{n} \left(\frac{x_i - \overline{x}}{s_x} \right) \left(\frac{y_i - \overline{y}}{s_y} \right)$$

其中，r 为相关系数，x_i 和 y_i 分别为两个变量，$i = 1, 2, \cdots, n$；其平均值与标准差分别为 $\overline{x}$ 与 s_x 和 $\overline{y}$ 与 s_y。

当 $|r| \geqslant 0.8$ 时，变量之间高度相关；当 $0.5 \leqslant |r| < 0.8$ 时，变量之间中度相关；当 $0.3 \leqslant |r| < 0.5$ 时，变量之间低度相关；当 $|r| < 0.3$ 时，变量之间的相关程度极弱，可视为不相关。这一解释必须建立在对相关系数进行显著性检验的基础上。

本研究运用相关分析考察社会信心、生活压力和社会适应各维度之间相关性的有无、强弱和方向。

4. 多元线性回归分析

多元线性回归分析研究在线性相关的条件下，两个或两个以上自变量对一个因变量的影响。设因变量 y，n 个自变量分别为 $x_1, x_2, \cdots, x_n$。其多元回归方程（multiple regression model）：

$$y = \beta_0 + \beta_1 x_1 + \beta_2 x_2 + \beta_3 x_3 + \cdots + \beta_n x_n \cdots + \varepsilon$$

β_0、β_1、β_2、β_3、β_n 为模型的参数；ε 为误差项；x_1、x_2、x_3、$\cdots$、x_n 是 n 个可以精确测量并可控制的自变量。

多元线性回归方程中系数的估计采用最小二乘法，使用 R_2 检验模型的拟合优度，F 统计量检验线性回归方程的显著性，t 统计量检验系数估计的显著性。

本研究使用多元线性回归法考察，在控制变量一定的情况下，生活压力分别对生活适应和社会信心的影响；在控制变量一定的情况下，社会适应对社会信心的影响；在控制变量一定的情况下，生活压力和生活适应共同对社会信心的影响。

5. 结构方程

通过结构方程模型的构建，试图解释有效的社会适应在生活压力对社会信心作用过程中有中介作用，可以减少部分消极影响，更加促进白领的社会信心。通过模型的构建对压力、社会适应和社会信心各维度之间的关系进行论证和解释等。最后通过 Amos 17.0 统计软件包进行分析，对本研究的构思和模型进入深入分析和验证，得出最后的研究结论。

第四节 核心变量及操作化

一、因变量：社会信心

依据前文对社会信心概念的界定和测量指标的制定，本书所指的社会信心是与一定的社会发展状况或社会变迁过程相连的，是分布于社会或社会群体中的整体心理状态，是民众基于现实生活状况的认知，对未来一段时间内个人与社会发展的综合的态度和预期评价。社会信心由三个基本维度构成——即期相对幸福感、预期个人发展信心和预期环境发展信心，其测量指标如表4-1所示，概括而言，社会信心通过一组观察指标进行测量，运用因子分析获得并验证内容结构，计算得分，得分越高表明社会信心越强。

表4-1 社会信心测量题项

	维度	编码	题项	赋值
社会信心	即期相对幸福感	C1	与父母辈相比	5 非常幸福
		C2	与同龄人相比	4 较为幸福
		C3	与周围本地人相比	3 一般
		C4	与周围外地人相比	
		C5	与自己5年前相比	2 较为不幸福
		C6	与外地人相比	1 非常不幸福
	预期个人发展信心	C7	人才服务	5 非常有信心
		C8	每个人的发展机会	4 比较有信心
		C9	工作与就业机会	3 一般
	预期环境发展信心	C10	生态环境	
		C11	食品安全	2 比较没信心
		C12	财富与收入的分配	1 非常没信心

二、自变量: 生活压力

基于已有研究的回顾,本研究认为应从主观和客观两方面对生活压力进行界定。客观生活压力是独立于个体之外的生活中的压力源刺激,以白领移民日常生活中所遇到的压力源作为评估指标,本书主要包括经济工作压力、个人发展压力;主观生活压力是个体由于压力源刺激所产生的内在主观感受,以白领移民在面临生活压力时所引发的压力感作为评估指标,本书包括安全保障压力和社会交往压力(见表4-2)。这两方面压力也可概称为微观生活压力和宏观生活压力。

表4-2 生活压力测量题项

	维度	编码	题项	赋值
生活压力	经济工作压力	S1	收入待遇	5 压力非常大
		S2	工作的竞争性	
		S3	工作时间	4 压力比较大
		S4	晋升空间	3 一般
	个人发展压力	S5	自身学历	2 有一些压力
		S6	自身技能	
		S7	知识更新速度	1 没有任何压力
	安全保障压力	S8	食品安全	5 极不安全
		S9	人身/财产安全	4 比较不安全
		S10	医疗安全	3 一般
		S11	个人隐私安全	2 比较安全
				1 非常安全
	社会交往压力	S12	中央政府	1 完全信任
		S13	地方政府	
		S14	政府工作人员	2 比较信任
		S15	警察	3 一般
		S16	医生	4 比较不信任
		S17	媒体	
		S18	法官	5 非常不信任

通常来说,测量生活压力的方法有两种。一种是开放式调查,但操作困难,

不易推广。于是，研究者开始尝试以问卷法为主的心理测量（Holmes & Rahe，1967；Lazarus & Folkman，1984；张亚林、杨德森，1985）。本研究生活压力的测量是借鉴以往研究者相对成熟的量表，并在本书概念框架基础上进行调整后提出的。生活压力由一组观察指标进行测量，压力量表包括以下四个分量表：经济与工作压力（4 项）、个人发展压力（3 项）、安全保障压力（4 项）、社会交往压力（7 项）。运用因子分析验证概念模型的内容结构，计算得分，得分越高表明生活压力越大。

三、中介变量：社会适应

通过文献考察，已有的关于社会适应的定量研究不少，但都并没有形成相对成熟的权威性量表，多数学者是依据经验性研究划分构成维度，构建指标体系。本书在参照已有研究基础上，白领移民社会适应维度及指标的制定主要参考的是张文宏、雷开春（2006）关于城市新移民社会融合研究所使用的问卷，主要原因在于研究对象和研究内容较为相似，所以借用了该研究所使用的部分测量指标，从而初步形成本研究的测量题项，并结合访谈过程中的发现进行修改得到社会适应的一组观察指标进行测量。

如前文所言，本书所谈的社会适应是在个体与社会环境的互动中，经过调整使自身与社会环境维持平衡关系的过程。在这一过程中，城市白领移民首先要在城市找到相对稳定的工作，获得足以保证自己甚至是家庭成员基本生存的经济收入；其次在经济适应基础之上，与城市中的个体或群体发生社会交往，参与城市社会生活，逐步接受和适应城市的语言、风俗、习惯等社会生活方式；最后，随着城市生活的实践体验与经验积累，城市白领移民逐渐内化城市的价值观念，并形成对自我身份的重新界定与认同，完成再社会化过程，达到适应城市的状态。

也就是说，本书社会适应的测量包括以下三个内容：文化适应（4 项）、心理适应（3 项）、生活适应（3 项）。运用因子分析验证概念模型内容结构，计算得分，得分越高表明社会适应能力越强。

表 4 - 3　社会适应测量题项

维度		编码	题项	赋值
社会适应	文化适应	ad1	您听得懂上海话吗?	3 全能听懂 2 听懂一些 1 完全听不懂
		ad2	您能讲上海话吗?	3 完全能讲 2 能讲一点 1 完全不能讲
		ad3	您是否熟悉上海特有的风俗习惯?	4 很熟悉 3 大部分熟悉 2 熟悉一些 1 几乎不熟悉
		ad4	在日常交往中,您会按照上海的风俗习惯办事吗?	4 完全遵守 3 遵守其中一些 2 从不遵守 1 不知道
	心理适应	ad5	您认为您个人的经济收入在上海大体属于?	5 上层 4 中上层 3 中层 2 中下层 1 下层
		ad6	您认为自己属于中产吗?	5 完全符合 4 比较符合 3 一般 2 不太符合 1 很不符合
		ad7	您认为自己属于白领吗?	5 完全是 4 比较像 3 一般 2 不太像 1 完全不是

续表

维度		编码	题项	赋值
社会适应	生活适应	ad8	刚入职时，您对所得到的工作的满意度怎样？	5 非常满意 4 比较满意 3 一般 2 不太满意 1 很不满意
		ad9	请问您对自己现在工作的整体满意度？	
		ad10	您对自己的家庭生活是否满意？	

四、控制变量

1. 性别

性别是人口学特征变量中非常重要的变量，而且以往研究发现，在主观感受的领域男性和女性通常有显著差异。因此我们将女性编码为 0，男性编码为 1。

2. 学历

由于本研究的研究对象为白领，被试者的学历要求为大专及以上，因此在受教育程度分类中，仅有大专/高职、本科、研究生及以上三类，分别编码为 1、2、3。

3. 管理人员

本研究将管理人员级别，进行重新编码，非管理人员和一般管理人员编码为 0，命名为非管理人员；中层管理人员和高层管理人员命名为管理人员，编码为 1。

4. 配偶

本研究将婚姻状况中，未婚、已婚、离婚、丧偶、离婚再婚进行重新编码，考察在目前生活中是否有配偶陪伴，因此已婚和再婚合并，编码为 1，命名为有配偶，其余选项合并，编码为 0，命名为无配偶。

5. 户籍

"上海户籍"编码为1，其余选项合并，编码为2，命名为"非上海户籍"。

年龄、在沪生活年限和收入作为连续变量引入模型，其中本研究对收入进行对数变形，考察其对因变量的影响。

第五章
数据评估分析

第一节　样本的统计描述

本书的研究对象是上海白领移民，就其考察变量而论，无论是社会信心、生活压力还是社会适应，都出自被试者的个体感知或客观事实。因此回收的数据中，个人的人口特征分布是否会影响假设还有待论证，但由于这部分并不是此次研究的重点，我们将其作为控制变量引入模型。个人特征分布表信息统计如表5－1所示。

表5－1　人口特征分布统计

变量	类别	频数	百分比（%）	累计百分比（%）
性别	男	484	48.35	48.35
	女	517	51.65	100.00
教育程度	大专/高职	228	22.75	22.75
	本科	504	50.30	73.05
	硕士及以上	270	26.95	100.00
户口类型	上海户口	281	28.10	28.10
	居住证	383	38.30	66.40
	其他	336	33.60	100.00

续表

变量	类别	频数	百分比（%）	累计百分比（%）
年龄	25 岁以下	305	30.44	30.44
	25~30 岁	456	45.51	75.95
	31~40 岁	211	21.06	97.01
	41~50 岁	27	2.69	99.70
	50 岁以上	3	0.30	100.00
	均值（Std. Dev.）	28.25（4.865331）		
人均年收入	3 万元及以下	157	15.87	15.87
	3 万~5 万元	223	22.55	38.42
	5 万~10 万元	447	45.20	83.62
	10 万~20 万元	137	13.85	97.47
	20 万元以上	25	2.53	100.00
	均值（Std. Dev.）	8.08（7.233655）		
管理级别	非管理工作	527	52.65	52.65
	一般管理	329	32.87	85.51
	中层管理	119	11.89	97.40
	高层管理	26	2.60	100.00
在上海生活时间	2 年及以下	247	24.65	24.65
	3~5 年	359	35.83	60.48
	6~10 年	333	33.23	93.71
	10 年以上	63	6.29	100.00
	均值（Std. Dev.）	5.43（4.272112）		

由表 5－1 可以看出，由于此次调查对调查对象的范围做出清晰的限定，要求为出生地非上海、大专及以上学历的非体力劳动者。因而总体来说，调查者的教育程度仅有三个分类，50%以上分布在大学本科；男性和女性员工数量基本持平；调查对象多集中在 30 岁以下，但其他各个年龄阶段的调查对象都不空缺；由于调查实施难度的限制，管理级别主要分布非管理和一般管理人员（85.51%），人均年收入在 8 万元，83.62%的被试者集中在 10 万元以下区间，这就决定了本研究所考察的上海白领移民多数为中层或中下层，对中高层及高层白领的研究还有一定的限制；在上海生活时间 10 年以下，共计达到 93.71%，可以说我们的样本时效性较好，具有体现出当下状况的代表性。

第二节　数据质量评估

对于一个测量模型而言，测量的信度与效度是模型是否有效的关键性指标，两者关注具体的测量是怎样与概念相连的。虽然完美的信度和效度事实上是无法达到的，然而，最大限度地达到高信度和高效度是研究者梦寐以求的，也是本研究力求实现的目的，下面就试图依此宗旨展开研究。

一、预测检验标准及程序

1. 信度分析

众所周知，信度是对测量结果一致性或稳定性的检验。这意味着在完全一样或类似的条件下，相同的结果被重复或再现。反过来，缺乏信度，测量过程就会产生反复无常、不稳定或不一致的结果。估计信度的方法很多，本研究从两个方面对问卷的信度进行检验，即个别信度和内部一致性信度。

（1）个别信度。个别信度是每个观察变量的信度，个别信度等于其因子负荷量的平方，即 R^2（吴明隆，2007）。Bentler 等（1993）认为，个别信度必须大于 0.2。本研究中社会信心各项目的个别信度如表 5–2 所示。表 5–2 中的个别信度系数都大于 0.2，表明社会信心内容结构问卷的个别信度达到接受范围。

表 5–2　社会信心题项的个别信度

项目	个别信度	项目	个别信度	项目	个别信度
C1	0.67	C5	0.63	C9	0.34
C2	0.22	C6	0.33	C10	0.37
C3	0.35	C7	0.29	C11	0.34
C4	0.21	C8	0.22	C12	0.46

（2）内部一致性信度。研究中测量题目的同质性是通过内部一致性信度指标来反映的，综合来看，克隆巴赫（Cronbach）的 α 系数是最常使用的。

假设有一组观测变量 x_1，x_2，$\cdots$，x_q 都是测量同一个概念的，而且它们的计分方向一致，即与真分数 τ_1 都同是正相关或负相关的。将 x_1，x_2，$\cdots$，x_q 得分的和记为 $H = \sum_{i=1}^{q} x_i$，按照经典理论对信度系数的定义，则有：

$$\rho^2 \tau_1 H = \frac{\left[\text{cov}(\tau, H)\right]^2}{\text{var}(\tau_1)\text{var}(H)}$$

$$= \frac{\left[\text{cov}(\tau_1, \sum_{i=1}^{q} x_i\right]^2}{\text{var}(\tau_1)\text{var}(H)}$$

$$= \frac{\left[\text{cov}(\tau_1, q\tau_1 + \sum_{i=1}^{q} e_i)\right]^2}{\text{var}(\tau_1)\text{var}(H)}$$

$$= \frac{q^2 \text{var}(\tau_1)}{\text{var}(H)}$$

将上述公式进一步化简：

$$\rho HH = \frac{q^2 \text{var}(\tau_1)}{\text{var}(H)}$$

$$= \frac{q(q-1)q\text{var}(\tau_1)}{(q-1)\text{var}(H)}$$

$$= \frac{q}{q-1} \frac{q^2 \text{var}(\tau_1) - q\text{var}(\tau_1)}{\text{var}(H)}$$

$$= \frac{q}{q-1} \frac{q^2 \text{var}(\tau_1) + \sum_{i=1}^{q} \text{var}(e_i) - q\text{var}(\tau_1) - \sum_{i=1}^{q} \text{var}(e_i)}{\text{var}(H)}$$

$$= \frac{q}{q-1} \frac{\text{var}(H) - \left[q\text{var}(\tau_1) + \sum_{i=1}^{q} \text{var}(e_i)\right]}{\text{var}(H)}$$

$$= \frac{q}{q-1} \left[1 - \frac{\sum_{i=1}^{q} \text{var}(x_i)}{\text{var}(H)}\right]$$

所以，可以直接通过这一公式计算科隆巴赫的 α 系数。本研究运用 Stata 12.0 统计软件计算结果。Cronbach α 系数的取舍标准如表 5-3 所示。

表 5-3　Cronbach α 系数的取舍标准

Cronbach α 系数	<0.35	$0.35 \leqslant \alpha < 0.65$	$0.65 \leqslant \alpha < 0.70$	$0.70 \leqslant \alpha < 0.80$	>0.80
判断标准	信度过低	重新修订	最小的可接受值	相当好	信度甚佳

本研究各因子与整体问卷的内部一致性系数如表 5 – 4 所示，F1 信度系数在 0.80 ~ 0.90，达到非常好标准；F2 和 F3 信度系数在 0.70 ~ 0.80，达到相当好标准；全部项目的信度系数 0.8314，达到非常好标准。由此可见，社会信心内容结构问卷内部一致性信度较高。

表 5 – 4　各因子与总问卷的内部一致性系数

因子	F1 即期相对幸福感	F2 预期个人发展信心	F3 预期环境发展信心	整体项目
α 系数	0.8499	0.7777	0.7865	0.8314

上述两个方面的信度计算结果表明，社会信心内容结构的问卷有较好信度。

2. 探索性因子分析

探索性因子分析方法的使用，目的是简化有效的测量量表，提高问卷的效度与信度。在具体操作过程中，需要从未整理好的数据中归纳出共性，进而将问卷中有较高相关度的题项加以整合，离析出共因子，从而使问卷条目得以简化。为此，本研究运用探索性因子分析来明确量表的基本构成与题项，同时也对量表的可靠性进行了检验。按照探索性因子分析的原则，分析之前应通过相关的检验，检测结果在容纳范围能够比较适合运用因子分析。本书依据 Kaiser（1974）的观点，从取样适当性数值（KMO）的大小来判别（吴明隆，2003）。

表 5 – 5　KMO 取值范围及判断标准

KMO	<0.5	0.5 ~ 0.6	0.6 ~ 0.7	0.7 ~ 0.8	0.8 ~ 0.9	>0.9
判断标准	非常不适合	不适合	勉强	可以	适合	非常合适

本书采用主成分分析法和最大变异法来进行因子分析，根据 Kaiser 准则，因子提取标准需特征值大于 1。删减测量条目主要遵循三个原则：①一个条目自成一个因子时予以删除，因内部一致性缺乏；②条目所属因子负荷小于 0.5 时，予以删除，因不具收敛效度；③为形成区别效度，将两个条目因子的负荷差值小于 0.3 的予以删除（转引自吴明隆，2003）。

3. 验证性因子分析

本研究将使用 Amos 17.0 进行验证性因子分析，通过这一分析，对已知的特定结构是否按预期的方式发挥作用进行检验。

另外，验证性因子分析也可以实现问卷的结构效度分析。效度指测验对所测定的东西能确实地测定到什么程度，也就是测验所要测量的某种行为特征的准确度或正确性（凌文辁、方俐洛，2003）。即一个构想，或研究者用定义概念化某个观念的方法与测量之间的匹配。一般情况下，通过运用探索性因子分析和验证性因子分析的结果来实现对问卷结构效度的验证。

按照验证性因子分析的理论原则，对同一数据而言，不能做探索性因子分析后又做验证性因子分析，验证性因子分析必须重新选取新的被试。因此，将正式调研收回的有效问卷1002份除掉探索性因子分析所用的502份，剩余500份作为验证性因子分析的样本，并且对其中考察变量的缺失值予以删除，最后验证性因子分析数据保留样本485份，被试构成情况如表5-6和表5-7所示。

表5-6 探索性研究被试情况一览

变量	类别	人数	比例（%）	变量	类别	人数	比例（%）
性别	男	244	48.70	管理级别	非管理工作	258	51.50
	女	257	51.30		一般管理	155	30.94
教育程度	大专/高职	115	22.91		中层管理	75	14.97
	本科	263	52.39		高层管理	13	2.59
	本科以上	124	24.70		均值	最小	最大
户口类型	上海户口	144	28.74	年龄	28	19	61
	居住证	181	36.13	人均年收入（万人）	8.02	0	100
	其他	176	35.13	在上海生活时间（年）	5.6	0.33	53

表5-7 验证性研究被试情况一览

变量	类别	人数	比例（%）	变量	类别	人数	比例（%）
性别	男	234	48.25	管理级别	非管理工作	258	53.20
	女	251	51.75		一般管理	170	35.05
教育程度	大专/高职	107	22.06		中层管理	44	9.07
	本科	238	49.07		高层管理	13	2.68
	本科以上	140	28.87		均值	最小	最大

续表

变量	类别	人数	比例（%）	变量	类别	人数	比例（%）
户口类型	上海户口	130	26.80	年龄	28	20	48
	居住证	199	41.03	人均年收入（万元）	8.16	0	50
	其他	156	32.16	在上海生活时间（年）	5.18	0.3	41.2

二、问卷信度及效度评价分析

根据上文提及的分析方法和评述，下面对各变量进行数据分析。

1. 社会信心信度、效度分析

（1）信度分析。

从表 5-18 可以看出，各条目的个别信度都在 0.8 以上，整体量表信度 α 系数为 0.8342，各维度的 α 系数分别为 0.8558、0.7777 和 0.7865，说明符合研究要求。

表 5-8　社会信心信度分析结果

变量	编码	个别信度	各维度 α 系数	量表 α 系数
即期相对幸福感	C1	0.8269	0.8558	0.8342
	C2	0.8165		
	C3	0.8183		
	C4	0.8179		
	C5	0.8237		
	C6	0.8194		
预期个人发展信心	C7	0.8246	0.7770	
	C8	0.8200		
	C9	0.8255		
预期环境发展信心	C10	0.8249	0.7865	
	C11	0.8251		
	C12	0.8188		

（2）KMO 值和 Bartlett's 球形检验。从表 5 - 9 可以看出，在对社会信心的所有条目进行检验后发现，KMO 值为 0. 832，Bartlett's 球形检验的统计值显著性概率为 0，通过检验，符合进行因子分析的条件。

表 5 - 9　KMO and Bartlett's 检验结果

Kaiser – Meyer – Olkin Measure of Sampling Adequacy.		0. 832
Bartlett's Test of Sphericity	Approx. Chi – Square	2. 447E3
	df	66
	Sig.	0. 000

（3）探索性因子分析。通过主成分分析法来进行因子提取，以正交方差极大法进行因子旋转。根据数据自身具备的一般特点，对各条目的共同度和因子载荷的数值加以综合考虑，选取具有较高共同度和较大因子载荷题项，以特征值大于 1 为截取因子的标准，分别为 4. 132 和 2. 656，并参照碎石图（见图 5 - 1）来决定条目去留和概念维度，每个测量条目的因子负载矩阵如表 5 - 10 所示。

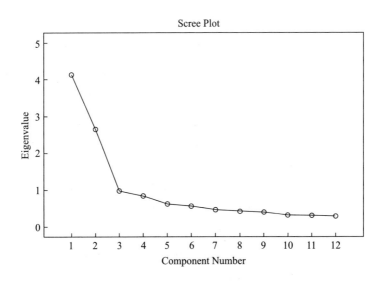

图 5 - 1　社会信心因子碎石图

表 5 - 10   社会信心探索性因子分析结果 1

变量	条目	因子	
		1	2
即期相对幸福感	c1	0. 569	0. 174
	c2	0. 839	0. 049
	c3	0. 800	0. 044
	c4	0. 804	0. 044
	c5	0. 654	0. 178
	c6	0. 803	0. 021
预期个人发展信心	c7	0. 110	0. 720
	c8	0. 141	0. 740
	c9	0. 092	0. 713
预期环境发展信心	c10	0. 002	0. 774
	c11	- 0. 005	0. 734
	c12	0. 196	0. 735

Extraction Method: Principal Component Analysis.

Rotation Method: Varimax with Kaiser Normalization.

a. Rotation converged in 3 iterations.

结果表明，因子载荷均大于 0.5，12 个条目均得以保留；社会信心内容结构呈现出 2 个清晰的结构维度，2 因子解释的方差累计比例（Cumulative % of Variance）为 56.56%。根据之前叙述的因子区分效度的标准，预期个人发展信心（条目 7、条目 8、条目 9）和预期环境发展信心（条目 10、条目 11、条目 12）合并为一个因子，基于文献和综合条目意义：因子 1 为即期相对幸福感；因子 2 为预期社会信心度，与预设的维度构成有一定出入，我们将这一因子析出结果称为"社会信心二元结构模型"。

对于这一结果的出现，研究者专门对部分被访者进行了回访，由被访者的叙述可发现，受访者将"对自己的信心"和"对社会的信心"区分得非常明确，他们认为尽管两者有比较强的相互关系，但从概念上来说是有本质区别的，而持这一观点的人比较普遍。所以，本研究认为，社会信心概念的内容结构是采用二元结构，还是坚持预设的三元结构还有待于验证。因此对社会信心再次进行主成分因子分析，强制析出 3 因子，总解释变异量为 64.735%。每个测量条目的因子负载矩阵如表 5 - 11 所示。

表 5 – 11　社会信心探索性因子分析结果 2

变量	条目	因子		
		1	2	3
即期相对幸福感	c1	0.576	0.044	0.213
	c2	0.834	0.105	− 0.027
	c3	0.792	0.143	− 0.074
	c4	0.795	0.156	− 0.087
	c5	0.664	0.002	0.263
	c6	0.807	− 0.020	0.062
预期个人发展信心	c7	0.082	0.774	0.236
	c8	0.110	0.816	0.221
	c9	0.062	0.794	0.205
预期环境发展信心	c10	0.015	0.306	0.798
	c11	0.017	0.183	0.867
	c12	0.200	0.306	0.641

Extraction Method：Principal Component Analysis.

Rotation Method：Varimax with Kaiser Normalization.

a. Rotation converged in 5 iterations.

结果表明，因子载荷均大于 0.5，条目之间因子载荷差异大于 0.3，12 个条目均得以保留。并且维度 1 包含 6 个条目，均为即期相对幸福感的正向项目；维度 2 包含 3 个项目，并均为预期个人发展信心表述的项目；维度 3 包含 3 个项目，均表示为预期环境发展信心的项目，整体因子析出情况与本研究的概念预设基本保持一致。综合条目意义：因子 1 为即期相对幸福感，因子 2 为预期个人发展信心，因子 3 为预期环境发展信心。我们将这一结果称为"社会信心三元结构模型"，模型拟合情况下一步将进行验证。

（4）验证性因子分析。

首先，假设模型。依据前文分析，本研究的因变量社会信心存在两个竞争预设模型。模型 1 为社会信心二元结构模型，包括二维度，分别是即期相对幸福感和预期社会信心。它们对应的测量数目分别为 6、6。具体的验证性因子假设模型如图 5 - 2 所示；模型 2 为社会信心三元结构模型，包括三维度，分别是即期相对幸福感、预期个人发展信心和预期环境发展信心。它们对应的测量数目分别为 6、3、3。具体的验证性因子假设模型如图 5 - 3 所示。

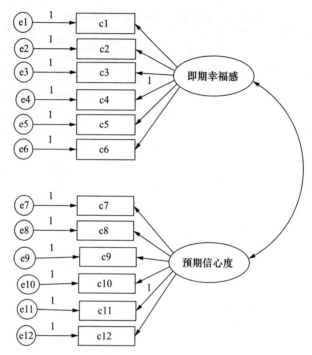

图 5 - 2　社会信心二元结构预设模型

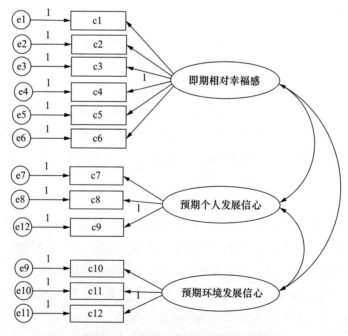

图 5 - 3　社会信心三元结构预设模型

其次，对模型进行识别。研究者早已知道，如果一个模型未经识别就进行参数估计过程，极有可能会造成参数估计的失败或参数无意义的解释等结果。通常在这种情况下，研究者一般会采用 t 规则来作为识别模型的必要条件，即模型中待估计的参数要小于或等于其整体估计点 x[①]。

根据上述做法，本研究在社会信心预设模型中共有 12 个测量变量，因此整体估计点数为 66 个，分别识别两个竞争模型。二元预设模型需要估计的参数包括因子载荷 12 个，测量误差方差 12 个以及因素间关系 1 个，共 25 个，小于整体估计点数，因而二元模型是符合模型识别条件的；三元预设模型需要估计的参数包括因子载荷 12 个，测量误差方差 12 个以及因素间关系 3 个，共 27 个，小于整体估计点数，因而三元模型是符合模型识别条件的。

再次，对模型进行评估。根据 Bagozzi 和 Yi 提出模型基本适配标准包括五项内容：①不能有负的误差变异；②误差变异必须达显著水平；③估计参数间相关系数的绝对值不能太接近 1；④因素负荷量最好介于 0.50 ~ 0.95；⑤不能有很大的标准误差，我们把其称为基本拟合指标（吴明隆，2007）。

如果模型的估计结果能符合基本拟合指标，则可以进一步看整体模型适配标准（黄芳铭，2005）。学者 Hair（1998）等将模型整体拟合度指标分为以下几类：

1）第一类指标是绝对拟合度指标。主要包括：

卡方值 χ^2。学者们一般建议卡方值的显著水平需大于 0.1 以上，模型才可以被接受。但是由于 χ^2 值对样本量非常敏感，样本越大 χ^2 值就会越容易显著，导致理论模型常遭拒绝（黄芳铭，2005）。所以，一般不使用卡方值作为评定模型拟合程度的指标，而是将卡方值和自由度联系在一起来作为评价整体拟合度的指标，即采用 χ^2/df 的值来评价模型的整体拟合程度。侯泰杰（2004）等认为：$\chi^2/df < 3$，表明整体拟合比较好；$3 < \chi^2/df < 5$，则表明模型整体基本拟合，模型可以接受；$\chi^2/df > 5$，表明模型拟合程度比较差；$\chi^2/df > 10$，表明模型整体拟合程度很差。研究采用此依据，将卡方值比率小于 5 作为模型适配的理想值。

GFI 与 AGFI 指标。这两个是指适配度指标与调整后适配度指标，GFI 指标表示理论模型或假设模型所能解释观察数据的方差比例，而 AGFI 指标是在计算 GFI 系数时，将自由度纳入考虑后所计算出来的模型适配指数，两者均具有标准化的特性。通常学者们建议当 GFI 和 AGFI 均大于 0.90 时表示良好的拟合程度。

---

① $x = n(n-1)/2$，其中 n 为测量变量个数。

本研究将 GFI 与 AGFI 指数大于 0.9 作为理想的适配判别指标。

RMSEA。近似误差均方根 RMSEA 在众多指数中，受样本数影响较少，对错误模型较敏感，是较理想的拟合指数（Steiger，1990）。RMSEA 的值在 0~1，RMSEA 越接近 0，表明整体拟合度越好。通常认为，当 RMSEA < 0.05 时，被视为良好拟合；0.05 < RMSEA < 0.08 时，可视为不错的拟合；0.08 < RMSEA < 0.10 时，是中度拟合；RMSEA > 0.10 时，表示不良拟合。

NCP 和 RMR。为了减少样本量对 χ^2 的影响，发展出了 NCP（Non - Centrality Parameter，即离中指数），其目的是最小化参数值。RMR 是一种平均残差的协方差。两个指标用于模型比较时，其值越小越好。

2）第二类指标是相对拟合指标。其目的是用来对不同的理论模型进行比较。用于评价整体拟合的相对拟合指标主要包括：

NFI、RFI 和 IFI。NFI 即规范适配指标反映了假设模型与一个观察变量间没有任何共变假设的独立模型的差异程度；RFI（相对拟合指数）也是由 NFI 衍生而来，其值介于 0~1；而 IFI 即增量配合指标是用来处理样本大小对于 NFI 指数的影响（陈晓萍、徐淑英、樊景立，2008）。Bentler（1999）认为此三者的值须大于 0.9 才可以视为理想的适配度。

CFI（比较拟合指标）。CFI 是 Bentler（1990）提出的一个指标，目的克服 NFI 在嵌套模型上所产生的缺失。CFI 的取值在 0~1，CFI 越接近 1，表明模型越理想。CFI > 0.90 时，表明模型拟合较好。

3）第三类指标是简约拟合指标。其主要目的在于更正模型的任何有过度拟合的情况。

PGFI。PGFI（即简约良性拟合指标），是将 GFI 乘以简约比值的一个指标，其值介于 0~1，值越大表示模型越简约，一般采用 PGF > 0.5 为模型通过与否的标准。

PNFI。PNFI（即简约规范拟合指标）仍是对 NFI 的修正，其修正方式是将 NFI 乘以简约比值，其简约比值为理论模型自由度除以虚无模型自由度。PNFI 的值在 0~1，越接近 1，表明模型越简约。目前也有学者建议若不作模型比较，可采用 PNFI > 0.5 为模型通过与否的指标。

最后，对社会信心模型进行评估。

根据探索性因子分析的结果，本研究运用 Amos 17.0 软件包用验证性因子分析的数据，对所提出社会信心二元结构模型和三元结构模型两个竞争模型进行测算与检验，模型的标准化解如图 5-4 和图 5-5 所示。

表 5 - 12　模型拟合参考指标

类型	指标	数值范围	理想数值
绝对拟合度指标	χ^2/df	0 以上	<5，<3 更佳
	AGFI	0 ~ 1	>0.9
	GFI	0 ~ 1	>0.9
	RMSEA	0 ~ 1	<0.1，<0.05 更佳
	NCP	0 以上	越小越好
	RMR	0 以上	越小越好
相对拟合指标	NFI	0	>0.9
	RFI	0 ~ 1	>0.9
	IFI	0	>0.9
	CFI	0	>0.9
简约拟合指标	PGFI	0 ~ 1	>0.5
	PNFI	0 ~ 1	>0.5

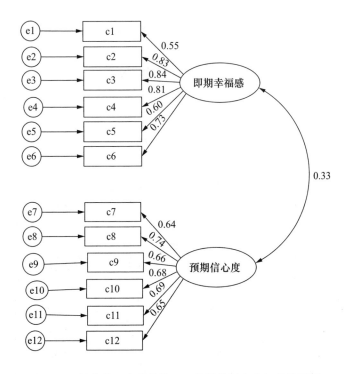

图 5 - 4　社会信心内容结构二元构想模型完全标准化解图

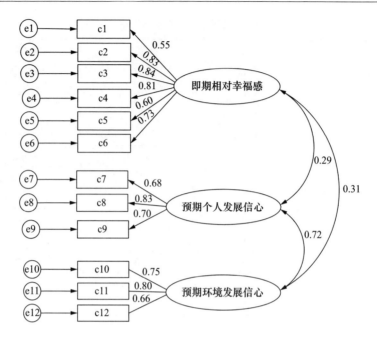

图5－5　社会信心内容结构三元构想模型完全标准化解图

表5－13　社会信心模型拟合评价

评价指标	指标理想值	二元模型		三元模型	
		指标	接受情况	指标	接受情况
χ^2/df	<5，<3更佳	4.26	接受	2.474	更佳
AGFI	>0.9最佳	0.887	可接受	0.935	接受
GFI	>0.9最佳	0.923	接受	0.957	接受
RMSEA	<0.1，<0.05更佳	0.082	接受	0.055	接受
NCP	越小越好	172.802		75.176	
RMR	越小越好	0.036		0.028	
NFI	>0.9最佳	0.910	接受	0.950	接受
RFI	>0.9最佳	0.888	可接受	0.935	接受
IFI	>0.9最佳	0.930	接受	0.969	接受
CFI	>0.9最佳	0.929	接受	0.969	接受
PGFI	>0.5	0.627	接受	0.626	接受
PNFI	>0.5	0.731	接受	0.734	接受

从图 5 - 5 及表 5 - 13 可以看出，二元结构模型和三元结构各拟合指标值均达到标准，所以模型可以拟合。但是对两个模型的进行拟合优度比较，我们从 χ^2/df、NCP 和 RMR 的结果发现，社会信心三元内容结构模型更具有拟合优势，因此本研究接受社会信心内容结构三维度假设。

2. 生活压力信度、效度分析

（1）信度分析。从表 5 - 14 可以看出，各条目的个别信度都在 0.75 以上，整体量表信度 α 系数为 0.8030，各维度的系数均大于 0.7，说明符合研究要求。

表 5 - 14　生活压力信度分析

变量	编码	个别信度	各维度 α 系数	量表 α 系数
经济工作压力	S1	0.7977	0.7030	0.8030
	S2	0.7998		
	S3	0.8011		
	S4	0.7984		
个人发展压力	S5	0.8011	0.7982	
	S6	0.7998		
	S7	0.7999		
安全保障压力	S8	0.7981	0.7272	
	S9	0.7959		
	S10	0.7898		
	S11	0.7944		
社会交往压力	S12	0.7846	0.8758	
	S13	0.7819		
	S14	0.7819		
	S15	0.7871		
	S16	0.7913		
	S17	0.7977		
	S18	0.7850		

（2）KMO 值和 Bartlett's 球形检验。从表 5 - 15 可以看出，在对生活压力的所有条目进行检验后发现，KMO 值为 0.833，Bartlett's 球形检验的统计值显著性概率为 0，通过检验，符合进行因子分析的条件。

表 5 – 15　KMO and Bartlett's 检验结果

Kaiser – Meyer – Olkin Measure of Sampling Adequacy.		0.833
Bartlett's Test of Sphericity	Approx. Chi – Square	3.666E3
	df	153
	Sig.	0.000

（3）探索性因子分析。通过主成分分析法对剩余条款进行提取因素，发现有 4 个因子的特征值大于 1，分别为 4.839、3.112、1.659 和 1.325，并参照碎石图（见图 5 – 6）来决定条目去留和概念维度，每个测量条目的因子负载矩阵如表 5 – 16 所示。

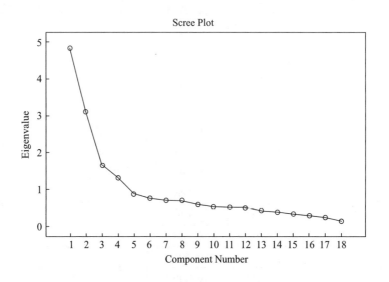

图 5 – 6　生活压力因子分析碎石图

从表 5 – 16 结果可以看出，因子载荷均大于 0.5，条目之间因子载荷差异大于 0.3，因此 18 个条目均得以保留；生活压力内容结构呈现出 4 个清晰的结构维度，4 个因子解释的方差累计比例（Cumulative % of Variance）为 60.75%。并且维度 1 包含 4 个条目，均为经济工作压力的正向项目；维度 2 包含 3 个项目，并均为个人发展能力压力表述的项目；维度 3 包含 4 个项目，均表示为安全保障压力评价的项目；维度 4 包含 7 个条目，表示对社会交往压力评价。整体因子析出情况与本研究的概念预设基本保持一致。基于文献和综合条目意义：因子 1 为经济工作压力；因子 2 为个人发展压力；因子 3 为安全保障压力；因子 4 为社会交往压力。

表 5 - 16 生活压力探索性因子分析结果

变量	条目	因子			
		1	2	3	4
经济工作压力	s1	0.748	0.061	0.067	0.055
	s2	0.750	0.187	- 0.003	- 0.046
	s3	0.710	0.113	0.041	- 0.020
	s4	0.717	0.233	0.007	0.027
个人发展压力	s5	0.229	0.757	- 0.013	- 0.011
	s6	0.192	0.873	0.027	0.008
	s7	0.157	0.826	0.052	0.005
安全保障压力	s8	- 0.019	0.028	0.641	0.157
	s9	0.037	0.068	0.737	0.128
	s10	0.033	0.031	0.787	0.235
	s11	0.079	- 0.066	0.764	0.180
社会交往压力	s12	0.087	- 0.054	0.154	0.821
	s13	0.096	- 0.037	0.103	0.861
	s14	0.075	- 0.024	0.159	0.848
	s15	- 0.036	- 0.033	0.157	0.775
	s16	- 0.073	0.039	0.133	0.655
	s17	- 0.080	0.032	0.096	0.566
	s18	0.015	0.058	0.157	0.755

Extraction Method：Principal Component Analysis.

Rotation Method：Varimax with Kaiser Normalization.

a. Rotation converged in 5 iterations.

（4）验证性因子分析。

首先，假设模型。依据前文对生活压力的探索性因子分析结果，获得生活压力 4 维度模型分别是经济工作压力、个人发展压力、安全保障压力和社会交往压力。它们对应的测量数目分别为 4、3、4、7。具体的验证性因子假设模型如图 5 - 7 所示。

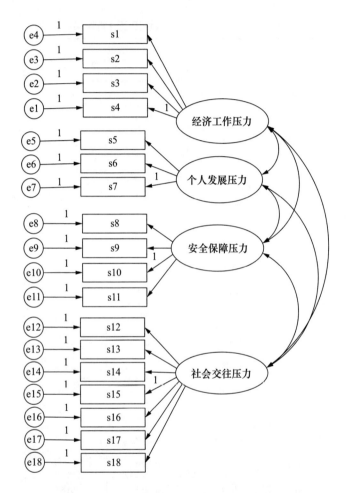

图 5 - 7　生活压力验证性因子分析假设模型

其次，识别模型。根据 t 规则，在本模型中共有测量变量 18 个，因此整体估计点数为 162 个，而本模型需要估计的参数包括因子载荷 18 个，测量误差方差 18 个，以及因素间关系 6 个，共 42 个，小于整体估计点数。因而是符合模型识别条件的。

再次，评价模型。运行结果如下。

表 5 –17　生活压力模型拟合评价

评价指标	指标理想值	指标	接受情况
χ^2/df	<5，<3 更佳	2.905	接受
AGFI	>0.9 最佳	0.885	可接受
GFI	>0.9 最佳	0.913	接受
RMSEA	<0.1，<0.05 更佳	0.063	接受
NCP	越小越好	245.715	
RMR	越小越好	0.057	
NFI	>0.9 最佳	0.881	接受
RFI	>0.9 最佳	0.859	未接受
IFI	>0.9 最佳	0.918	接受
CFI	>0.9 最佳	0.918	接受
PGFI	>0.5	0.689	接受
PNFI	>0.5	0.743	接受

从表 5 –17 各指标来看，除 RFI 略小，其余指标均达到标准，所以模型拟合良好，但模型具有修正空间。s8 和 s17 负荷小于 0.5，考虑删除。

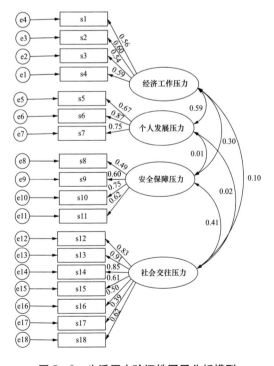

图 5 –8　生活压力验证性因子分析模型

最后，修正模型。去除 s8、s17 后，剩余条目进行模型拟合修正，结果 s16 因子载荷（0.49）小于0.5，考虑删除，进一步修正，结果如图5-9和表5-18 所示。从结果来看，修正前各指标都有所上升，因此接受修正模型。

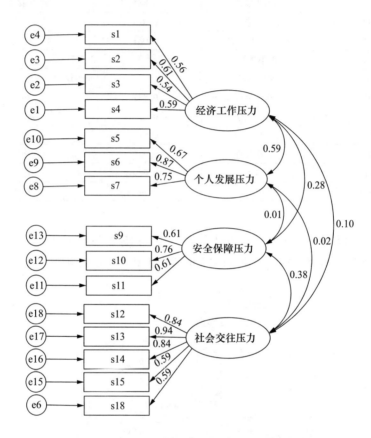

图5-9 生活压力验证性因子分析修正模型

表5-18 修正后生活压力模型拟合评价

评价指标	指标理想值	指标	拟合情况
χ^2/df	<5，<3更佳	2.552	良好
AGFI	>0.9最佳	0.918	良好
GFI	>0.9最佳	0.942	良好
RMSEA	<0.1，<0.05更佳	0.057	接受
NCP	越小越好	130.386	

续表

评价指标	指标理想值	指标	拟合情况
RMR	越小越好	0.052	
NFI	>0.9 最佳	0.921	良好
RFI	>0.9 最佳	0.901	良好
IFI	>0.9 最佳	0.95	良好
CFI	>0.9 最佳	0.95	良好
PGFI	>0.5	0.660	良好
PNFI	>0.5	0.736	良好

3. 社会适应信度、效度分析

（1）信度分析。从表 5 - 19 可以看出，各条目的个别信度都在 0.6 以上，整体量表信度 α 系数为 0.6554，各维度的 α 系数均大于 0.65，接近最低可容忍度，说明符合研究要求，可以进一步研究。

表 5 - 19　社会适应信度分析结果

变量	编码	个别信度	各维度 α 系数	量表 α 系数
文化适应	ad1	0.6119	0.7157	0.6554
	ad2	0.6085		
	ad3	0.6002		
	ad4	0.6272		
心理适应	ad5	0.6196	0.6547	
	ad6	0.6060		
	ad7	0.6166		
生活适应	ad8	0.6479	0.6503	
	ad9	0.6185		
	ad10	0.6478		

（2）KMO 值和 Bartlett's 球形检验。从表 5 – 20 可以看出，在对社会适应的所有条目进行检验后发现，KMO 值为 0.704，Bartlett's 球形检验的统计值显著性概率为 0，通过检验，符合进行因子分析的条件。

表 5 – 20　KMO and Bartlett's 验证结果

Kaiser – Meyer – Olkin Measure of Sampling Adequacy.		0.704
Bartlett's Test of Sphericity	Approx. Chi – Square	858.570
	df	45
	Sig.	0.000

（3）探索性因子分析。通过主成分分析法对剩余条款进行提取因素，发现有 3 个因子的特征值大于 1，分别为 2.572、1.822 和 1.166，并参照碎石图（见图 5 – 10）来决定条目去留和概念维度，每个测量条目的因子负载矩阵如表 5 – 21 所示。

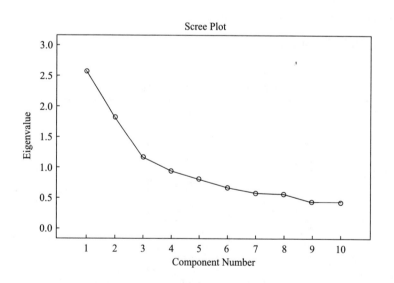

图 5 – 10　社会适应探索性因子分析碎石图

从表 5 – 21 结果可以看出，因子载荷均大于 0.5，条目之间因子载荷差异大于 0.3，因此 10 个条目均得以保留；社会适应成功析出 3 个因子，解释的方差累计比例（Cumulative% of Variance）为 55.587%。并且维度 1 包含 4 个条目，均为经济工作压力的正向项目文化适应方面陈述；维度 2 包含 3 个项目，并均为心理适应表述的项目；维度 3 包含 3 个项目，均表示为生活适应评价的项目。整体因子析出情况与本研究的概念预设基本保持一致。基于文献和综合条目意义：因子 1 命名为"文化适应"；因子 2 命名为"心理适应"；因子 3 命名为"生活适应"。

表 5 - 21   社会适应探索性因子分析结果

变量	条目	因子		
		1	2	3
文化适应	ad1	0.759	0.002	0.067
	ad2	0.788	0.008	0.116
	ad3	0.799	0.118	-0.046
	ad4	0.613	0.121	-0.007
心理适应	ad5	-0.012	0.760	0.093
	ad6	0.129	0.751	0.108
	ad7	0.110	0.740	0.085
生活适应	ad8	-0.037	-0.035	0.835
	ad9	0.002	0.333	0.697
	ad10	0.091	0.067	0.491

Extraction Method：Principal Component Analysis.

Rotation Method：Varimax with Kaiser Normalization.

a. Rotation converged in 4 iterations.

（4）验证性因子分析。

首先，模型假设。依据前文对社会适应的探索性因子分析结果，获得社会适应的 3 维度模型分别是文化适应、心理适应和生活适应。它们对应的测量数目分别为 4、3、3。具体的验证性因子假设模型如图 5 - 11 所示。

其次，识别模型。根据 t 规则，在本模型中共有测量变量 10 个，因此整体估计点数为 45 个，而本模型需要估计的参数包括因子载荷 10 个，测量误差方差 10 个以及因素间关系 3 个，共 23 个，小于整体估计点数。因而是符合模型识别条件的。

再次，评价模型。运行结果如表5－22所示。

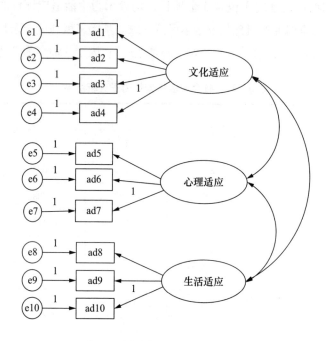

图5－11　社会适应验证性因子分析假设模型

表5－22　社会适应模型拟合评价

评价指标	指标理想值	指标	拟合情况
χ^2/df	<5，<3 更佳	1.940	良好
AGFI	>0.9 最佳	0.956	良好
GFI	>0.9 最佳	0.975	良好
RMSEA	<0.1，<0.05 更佳	0.659	可接受
NCP	越小越好	30.094	
RMR	越小越好	0.022	
NFI	>0.9 最佳	0.927	良好
RFI	>0.9 最佳	0.898	良好
IFI	>0.9 最佳	0.963	良好
CFI	>0.9 最佳	0.963	良好
PGFI	>0.5	0.567	良好
PNFI	>0.5	0.659	良好

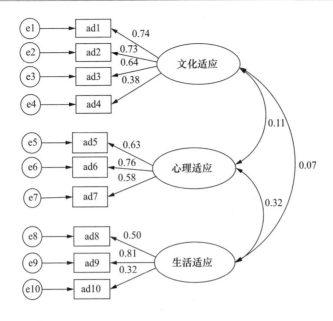

图5－12 生活压力验证性因子分析模型

从表5－22各指标来看，所有指标均达到标准，所以模型拟合良好，但模型具有修正空间。ad4和ad10负荷小于0.5，考虑删除。

最后，修正模型。去除ad4和ad10后，剩余条目进行模型拟合修正，拟合结果如下。

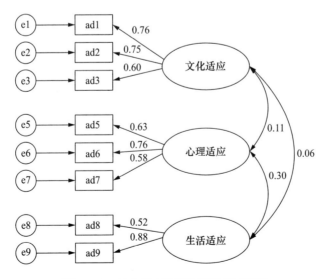

图5－13 社会适应验证性因子修正模型

表 5 - 23　修正后社会适应模型拟合评价

评价指标	指标理想值	指标	拟合情况
χ^2/df	<5，<3 更佳	1.689	良好
AGFI	>0.9 最佳	0.969	良好
GFI	>0.9 最佳	0.986	良好
RMSEA	<0.1，<0.05 更佳	0.038	良好
NCP	越小越好	11.720	
RMR	越小越好	0.020	
NFI	>0.9 最佳	0.961	良好
RFI	>0.9 最佳	0.935	良好
IFI	>0.9 最佳	0.984	良好
CFI	>0.9 最佳	0.983	良好
PGFI	>0.5	0.565	良好
PNFI	>0.5	0.583	良好

从结果来看，修正前各指标都有所上升，因此接受修正模型。

第六章
假设检验与研究结果分析

第一节 描述性分析

本研究首先通过探索性因子分析和验证性因子分析获得生活压力、社会适应和社会信心的内容结构模型；然后在全样本数据基础上预测各因子得分；其次依据各因子的方差贡献率计算变量总分；最后为了理解和讨论自变量对因变量的影响，将变量和各维度因子标准化为 0～100 数值[①]。

一、社会信心状况与分析

1. 基本现状描述

为了便于在回归模型中清晰地分析自变量对因变量的影响，本研究对因子值进行标准化处理，将其转换为 0～100 的分值。同时，将社会信心 3 个因子分别乘以各自的方差贡献率建立社会信心总量，得分越高则说明社会信心越强。

$$C = 0.29517 \times k1 + 0.18098 \times k2 + 0.17014 \times k3$$

其中，C 为社会信心总量，k1、k2 和 k3 分别是即期相对幸福感因子得分、预期个人发展信心因子得分和预期环境发展信心因子得分，各因子系数为其在因

---

① $X_{标准化} = 100 \times [x_i - r(\min)] / [r(\max) - r(\min)]$

子分析中的方差贡献率。分析结果如表6-1所示。

表6-1 社会信心及各维度描述性统计

统计量	N	均值	标准差	最小值	最大值
C（社会信心总量）	996	49.0797	15.37832	0	100
k1（即期相对幸福感）	999	58.14451	18.54076	0	100
k2（预期个人发展信心）	999	57.59092	16.88458	0	100
k3（预期环境发展信心）	1001	40.53447	20.29902	0	100

分析结果显示，上海市白领移民的平均社会信心总量较弱，均值为49分，内部差异较小（标准差为15.37832），而且在三个构成维度中，预期环境发展信心只有40分，呈现缺乏信心状态，但其内部差异最大（标准差为20.29902）。尽管即期相对幸福感分数在整个构成中最高，但也只有58分，并且其内部差异较大（标准差为18.54076）。预期个人发展信心57分虽超出平均水平，但也不容乐观。

2. 初步结论与解释

可见，白领移民社会信心整体偏低，内部差异化较小，呈现集体缺乏信心趋势。具体来说，白领移民即期相对幸福感程度和预期个人发展信心不高，而预期环境发展信心严重缺失。由前文可知，社会信心是由即期相对幸福感、预期个人发展信心和预期环境发展信心三维度构成，所以，白领移民社会信心偏低是构成社会信心三个维度共同作用的结果。但从数据所显示的直观结果来看，相对而言，白领移民所产生的对生活现状的幸福感知，以及对于个人未来发展的信心都高于中等线，因此，决定白领移民社会信心偏低的主因并不是个人因素，而是社会因素，即对社会未来发展的预期信心不足。

对于移民来说，选择到大城市就业和生活，对生活充满着前所未有的希望，相信自己为了能够在这个现在还不属于自己的大城市打下一片天，其原因是显而易见的，即大城市具有优越的生活条件、方便的城市交通、完备的服务设施和充裕的发展机会等，从调查来看，上海市在这些方面是能够满足白领移民的基本要求的，但在城市的快速发展中，无论是宏观的制度、政策，还是微观的物质满足、机会提供都不能完全跟上白领移民的高期望，必然出现格尔所讲的"发展型

·106·

相对剥夺感"。这对于白领移民社会信心的建立一定会有影响。同时，上海市作为中国经济最发达的大都市，经济向心力的增强伴随的是社会离心力的日趋扩大，如信任缺失、法律失范、官员腐败、食品药品安全等现象不断被曝光，发达网络的推波助澜更使得这些热点事件的负面影响不断扩大，导致民众压抑、愤懑、怨恨与敌对等消极情绪高涨，各种"社会反向情绪"增加了社会风险的强度，其所引起的"负能量"必然会动摇白领移民的社会信心，本调查表明这种消极影响反而是导致社会信心降低的最主要因素。

二、生活压力现状与解释

1. 基本现状描述

为了便于在回归模型中清晰地分析自变量对因变量的影响，本研究对因子值进行标准化处理，将其转换为 0 ~ 100 的分值。同时，将生活压力 4 个因子分别乘以各自的方差贡献率建立生活压力总量，得分越高则说明生活压力越大。

$$S = 0.2314 \times f1 + 0.1493 \times f2 + 0.1363 \times f3 + 0.1288 \times f4$$

其中，S 为生活压力总量，f1、f2、f3 和 f4 分别是经济工作压力因子得分、个人发展压力因子得分、安全保障压力因子得分和社会交往压力因子得分，各因子系数为其在因子分析中的方差贡献率。分析结果如表 6 - 2 所示。

表 6 - 2　生活压力及各维度描述性统计

统计量	N	均值	标准差	最小值	最大值
S（生活压力总量）	997	45.55776	14.734	0	100
f1（经济工作压力）	997	50.49473	17.83592	0	100
f2（个人发展压力）	997	43.32726	20.24647	0	100
f3（安全保障压力）	997	46.26568	16.6254	0	100
f4（社会交往压力）	997	53.81557	20.30012	0	100

从表 6 - 2 可见，上海市白领移民的平均生活压力状况为 45.56 分，趋于中等水平，内部差异最小（标准差为 14.734），在生活压力的四个构成维度中，对社会交往压力最大，达到 53.82 分，内部差异也最大（标准差为 20.30012）；经

济工作压力较高（50.49473）；而对自我发展的评价较为乐观，压力最低（43.33分）。

2. 初步结论与解释

数据显示的结果表明，白领移民整体生活压力趋于中等，且具有普遍性和趋同性的特点。如果我们把白领移民生活压力分成宏观社会压力（安全保障压力和社会交往压力）和微观个人压力（经济工作压力和个人发展压力），会发现，在影响白领移民生活压力高低的因素中，宏观社会因素比微观个人因素的影响要大。虽然经济工作压力较高，但社会交往压力所产生的压力是最高的。

众所周知，上海市作为世界闻名的大都市，高速运转的生活节奏、激烈异常的工作竞争及不可预知的城市风险等诸多因素，使白领不可避免地处于日益繁重的生活压力之下，但本次调查数据却显示白领移民的平均生活压力处于中等水平，似乎与我们的日常认知有所不同，其内在原因尚需在后续研究中进一步证实。从已得数据发现经济工作压力的确对白领移民的生活压力造成较大影响，但影响最大的却是社会交往压力，因此，政府公信力的问题不得不引起我们的重视。当前社会出现的诸多负面问题，如腐败现象的屡禁不止、政府信息的不透明、恶性公共事件的曝光等，民众都把矛头指向政府，白领移民也不例外，这直接导致对官方机构，尤其是政府信任感的降低，对未来发展的怀疑和不确定加大了白领移民的压力感。

三、社会适应描述与解释

1. 基本描述

为了便于在分析模型中清晰地分析自变量对因变量的影响，本研究对因子值进行标准化处理，将其转换为 0～100 的分值。同时，将社会适应 3 个因子分别乘以各自方差贡献率建立社会适应总量，得分越高说明社会适应程度越高。

$$AD = 0.2484 \times g1 + 0.2295 \times g2 + 0.1739 \times g3$$

其中，AD 为社会适应总量，g1、g2 和 g3 分别是文化适应因子得分、心理适应因子得分和生活适应因子得分，各因子系数为其在因子分析中的方差贡献率。分析结果如表 6-3 所示。

表 6 – 3　社会适应及各维度描述性统计

	N	均值	标准差	最小值	最大值
AD （社会适应总量）	987	47. 16566	18. 11395	0	100
g1 （文化适应）	987	41. 67847	22. 27703	0	100
g2 （心理适应）	987	38. 609	17. 74439	0	100
g3 （生活适应）	987	57. 62686	15. 85407	0	100

从描述性统计表 6 – 3 可以发现，上海白领移民的平均社会适应状况不佳，仅达到 47 分，内部差异较大（标准差为 18.11395）。在三个构成维度中，心理适应程度最低，对于自己在白领、中产和上海人的身份上主观并不认同，或者心理归属不明。而对上海文化的接受和融入程度也只有 41.69 分，偏低水平，内部差异最大（标准差为 22.27703）。生活适应在整个结构中优势是比较明显的，也就是说被试者对当前在上海的移民生活满意度较高。

2. 初步结论与解释

数据结果表明，上海白领移民的社会适应状况呈现偏低态势，其中心理认同度和文化适应程度非常低。虽然白领移民生活适应程度相比较高，但不能改变社会适应低于平均水平的状况。

按照研究者的观点，流动人口社会适应被看成是社会融合的过程，社会融合是流动人口社会适应所要实现的目标。任远和郎民乐（2006）认为，社会融合是个体和个体之间、不同群体之间或不同文化之间互相配合、互相适应的过程，并以构筑良性和谐的社会为目标。在本研究中，上海白领移民作为外来群体迁移入上海时，需要对上海这一国际大都市所拥有的新的生产、生活及人际关系等进行重新学习和适应。研究者们普遍认为，移民对新生活的适应，最先开始的是有关基本生存的生活适应，最后是包括主观感受、心理融合、文化认同在内的文化适应和心理适应。这一适应过程是漫长而痛苦的，需要经历相当长的时间，在大量的、连续不断的生活事件、生活经历的熏陶和磨炼中逐渐完成。所以，相对而言，在本书所提的社会适应三个内容中，随着时间的推移，生活适应比较容易达到，而且从数据结果来看，上海白领移民基本的生活适应状况较好。但是，对白领移民来说，更为根本的文化适应和心理适应则是一种并非完全随时间变化的过程，可能需要相当长的时间，这就在很大程度上影响了上海白领移民的社会适应状况，而这也更能说明上海白领移民社会适应的实质。

第二节　控制变量方差分析

为检验控制变量对于变量是否有显著性差异，本节将采用单因素方差分析，进行方差齐性检验。本研究所涉及的控制变量，即人口统计学个人背景变量中的分类变量，分别包括性别、婚姻、教育程度和管理级别四个方面。为了描述简单，我们将社会信心的内容维度即期相对幸福感、预期个人发展信心、预期环境发展信心缩写为 F11、F12、F13；生活压力的内容维度经济工作压力、个人发展压力、安全保障压力、社会交往压力缩写为 F21、F22、F23、F24；社会适应的内容维度文化适应、心理适应、生活适应分别缩写为 F31、F32、F33。

一、白领移民性别的方差分析

性别是人口学特征变量中非常重要的变量，而且以往研究发现，在主观感受的领域男性和女性通常有显著差异。因此我们将女性编码为 0，男性编码为 1。

如表 6 - 4 结果显示，在上海白领移民性别的方差齐性检验中，全部变量的显著性概率 p > 0.05，均接受方差齐性假设，表明在以被试者性别为依据的分组中，全部变量的方差是齐性的。

方差分析的结果表明，性别对即期相对幸福感、安全保障压力、社会交往压力和文化适应的显著性概率通过显著水平检验，说明男性和女性在上述因素方面有显著差异；而其他变量显著性概率均大于 0.05 检验水平，显然性别对这些因素没有显著影响。

二、白领移民学历的方差分析

由于本研究的研究对象为白领，被试者的学历要求为大专及以上，因此在受教育程度分类中，仅有大专/高职、本科和研究生及以上三类。

如表 6 - 4 结果显示，在上海白领移民受教育程度的方差齐性检验中，全部变量的显著性概率 p > 0.05，均接受方差齐性假设，表明在以被试者受教育程度为依据的分组中，全部变量的方差是齐性的。

方差分析的结果表明，受教育水平的差异对即期相对幸福感、预期环境发展信心、经济工作压力、个人发展压力和文化适应的显著性概率通过显著水平检验，说明学历对上述因素方面的影响是显著的；而其他变量显著性概率均大于0.05检验水平，显然受教育程度对这些因素没有显著影响。

三、白领移民职级的方差分析

本研究将管理人员级别进行重新编码，非管理人员和一般管理人员编码为0，命名为非管理人员，中层管理人员和高层管理人员命名为管理人员，编码为1。

如表6-4结果显示，在上海白领移民是否为管理人员的方差齐性检验中，全部变量的显著性概率 p > 0.05，均接受方差齐性假设，表明在以被试者受管理人员身份为依据的分组中，全部变量的方差是齐性的。

方差分析的结果表明，管理人员身份差异对即期相对幸福感、安全保障压力和心理适应的显著性概率通过显著水平检验，说明管理人员身份对上述因素方面的影响是显著的；而其他变量显著性概率均大于0.05检验水平，显然是否为管理人员身份上的差异对这些因素没有显著影响。

四、白领移民婚姻的方差分析

本研究将婚姻状况中，未婚、已婚、离婚、丧偶、离婚再婚进行重新编码，考察在目前生活中是否有配偶陪伴，因此已婚和再婚合并，编码为1，命名为有配偶；其余选项合并，编码为0，命名为无配偶。

如表6-4结果显示，在上海白领移民是否有配偶的方差齐性检验中，全部变量的显著性概率 p > 0.05，均接受方差齐性假设，表明在以被试者的配偶陪伴状况为依据的分组中，全部变量的方差是齐性的。方差分析的结果表明，是否有配偶对即期相对幸福感、经济工作压力、心理适应和生活适应的显著性概率通过显著水平检验，说明配偶陪伴情况对上述因素方面的具有显著性影响；而其他变量显著性概率均大于0.05检验水平，显然就这些因素而言，是否有配偶并没有显著性差异。

表6-4 控制变量方差分析结果一览

变量	维度	性别 均值 男	女	方差检验(F值)	学历 均值 大专/高职	本科	研究生及以上	方差检验(F值)	管理人员 均值 非	是	方差检验(F值)	有无配偶 均值 无	有	方差检验(F值)	上海户籍 均值 非	是	方差检验(F值)
社会信心	F11	55.75	60.41	16.01***	61.28	60.41	56.12	4.99**	57.23	63.51	63.51	56.85	60.34	8.33**	58.13	58.15	0.12
	F12	56.67	58.41	2.70	58.15	57.62	57.06	0.26	57.30	59.25	1.66	58.35	56.32	3.37	56.01	58.22	3.45
	F13	39.42	41.57	2.79	44.30	40.28	37.83	6.42**	40.28	42.01	0.90	41.04	39.68	39.68	38.42	41.35	4.23*
生活压力	F21	49.82	51.09	1.25	47.65	50.20	53.44	6.69**	50.13	52.68	2.54	48.95	53.10	12.74***	53.12	49.44	8.65**
	F22	42.83	43.82	0.59	46.07	43.13	41.38	3.35*	43.85	40.37	3.65	43.85	42.44	1.14	41.15	44.23	4.66*
	F23	48.56	44.07	18.47***	44.51	46.62	47.08	1.70	46.85	43.02	6.66*	46.86	45.26	2.18	45.14	46.63	1.64
	F24	56.78	51.03	20.28***	53.82	53.20	54.97	0.67	54.10	52.18	1.11	54.30	52.99	0.97	52.89	54.22	0.86
社会适应	F31	39.54	43.68	8.56**	43.36	43.38	37.08	7.88**	41.13	44.64	3.06	39.60	45.11	14.36***	47.66	39.23	29.46***
	F32	37.53	39.58	3.29	38.84	38.03	39.49	0.61	37.30	46.49	34.15***	36.20	42.60	31.05***	41.78	37.38	12.34**
	F33	57.39	57.91	0.27	57.69	57.35	58.1	0.20	57.57	57.82	0.03	57.74	57.43	0.09	58.20	57.43	0.47

注：* $p < 0.05$，** $p < 0.01$，*** $p < 0.001$。

五、白领移民户籍的方差分析

本研究将户口类型进行重新编码，"上海户籍"编码为1，其余选项合并，编码为2，命名为"非上海户籍"。如表6－4结果显示，在上海白领移民是否有上海户籍的方差齐性检验中，全部变量的显著性概率 p > 0.05，均接受方差齐性假设，表明在以被试者的上海户籍状况为依据的分组中，全部变量的方差是齐性的。

方差分析的结果表明，是否有上海户籍对白领移民预期环境发展信心、经济工作压力、个人发展压力、文化适应和心理适应的显著性概率通过显著水平检验，说明具有上海本地户籍对上述因素方面的具有显著性影响；而其他变量显著性概率均大于0.05检验水平，显然就这些因素而言，是否有上海户籍并没有显著性差异。

第三节　相关分析

一、白领移民生活压力与社会信心的相关分析

本研究中，白领移民社会信心的内容维度为即期相对幸福感、预期个人发展信心、预期环境发展信心三个维度；白领移民生活压力为4维度结构，包括经济工作压力、个人发展压力、安全保障压力和社会交往压力。相关分析如表6－9所示。

表6－5　白领移民社会信心各维度与生活压力各维度的相关分析

维度		经济工作压力	安全保障压力	个人发展压力	社会交往压力
即期相对幸福感	Pearson	－ 0.038	－ 0.224 **	－ 0.098 **	－ 0.176 **
	Sig.	0.227	0.000	0.002	0.000
	N	994	994	994	994

续表

维度		经济工作压力	安全保障压力	个人发展压力	社会交往压力
预期个人发展信心	Pearson	-0.201**	-0.099**	-0.081*	-0.262**
	Sig.	0.000	0.002	0.010	0.000
	N	994	994	994	994
预期环境发展信心	Pearson	-0.242**	-0.114**	-0.011	-0.345**
	Sig.	0.000	0.000	0.738	0.000
	N	996	996	996	996

注：*$p < 0.05$，**$p < 0.01$（2-tailed）。

由表6-5的相关系数和显著水平可以得出以下结论：

其一，对上海白领移民来说，该群体社会信心中"即期相对幸福感"与生活压力全部4个维度进行皮尔逊相关分析，除"经济工作压力"未达到显著水平，其他3个因子均显著负相关。其中与"安全保障压力"的相关系数最高，为-0.224，与"个人发展压力"和"社会交往压力"的相关系数分别为-0.098和-0.176。

其二，在上海白领移民社会信心中"预期个人发展信心"与生活压力全部4个维度进行皮尔逊相关分析，均显著负相关。其中与"社会交往压力"的相关系数最高，为-0.262，与"经济工作压力""安全保障压力"和"个人发展压力"的相关系数从大到小，依次为-0.201、-0.099和-0.081。

其三，对上海白领移民社会信心中"预期环境发展信心"与生活压力全部4个维度进行皮尔逊相关分析，除"个人发展压力"未达到显著水平，其他3个因子均显著负相关。其中与"安全保障压力"的相关系数最高，为-0.345，与"经济工作压力"和"个人发展压力"的相关系数分别为-0.242和-0.114。

二、白领移民生活压力与社会适应的相关分析

表6-6 白领移民生活压力各维度与社会适应各维度的相关分析

维度		文化适应	心理适应	生活适应
经济工作压力	Pearson	0.003	-0.076*	-0.083**
	Sig.	0.927	0.018	0.009
	N	982	982	982

续表

维度		文化适应	心理适应	生活适应
安全保障压力	Pearson	−0.037	−0.169**	−0.222**
	Sig.	0.252	0.000	0.000
	N	982	982	982
个人发展压力	Pearson	−0.052	−0.153**	−0.076*
	Sig.	0.103	0.000	0.017
	N	982	982	982
社会交往压力	Pearson	−0.066*	−0.136**	−0.100**
	Sig.	0.038	0.000	0.002
	N	982	982	982

注：$*p < 0.05$，$**p < 0.01$（2-tailed）。

由表6-6的相关系数和显著水平可以得出以下结论：

其一，上海白领移民的社会适应中"文化适应"与生活压力全部4个维度进行皮尔逊相关分析，除"社会交往压力"达到显著水平，呈负相关关系，系数为−0.066；其他3个因子均未达显著性。

其二，上海白领移民的社会适应中"心理适应"与生活压力全部4个维度进行皮尔逊相关分析，均显著负相关。其中与"安全保障压力"的相关系数最高，为−0.169，与"经济工作压力""个人发展压力"和"社会交往压力"的相关系数依次为−0.076、−0.153和−0.136。

其三，上海白领移民的社会适应中"生活适应"与生活压力全部4个维度进行皮尔逊相关分析，均显著负相关。其中与"安全保障压力"的相关系数最高，为−0.222，与"经济工作压力""个人发展压力"和"社会交往压力"的相关系数依次为0.083、0.076和0.1。

三、白领移民社会适应与社会信心的相关分析

表6-7 白领移民社会适应各维度与社会信心各维度的相关分析

维度		即期相对幸福感	预期个人发展信心	预期环境发展信心
文化适应	Pearson	0.079*	0.022	0.022
	Sig.	0.014	0.487	0.484
	N	984	985	987

续表

维度		即期相对幸福感	预期个人发展信心	预期环境发展信心
心理适应	Pearson	0.332**	0.119**	0.176**
	Sig.	0.000	0.000	0.000
	N	984	985	987
生活适应	Pearson	0.228**	0.204**	0.140**
	Sig.	0.000	0.000	0.000
	N	984	985	987

注：* p < 0.05，** p < 0.01 (2 – tailed)。

由表 6 – 7 的相关系数和显著水平可以得出以下结论：

其一，上海白领移民社会信心中"即期相对幸福感"与社会适应全部 3 个维度进行皮尔逊相关分析，均显著正相关。其中与"心理适应"的相关系数最高，为 0.332，与"文化适应"和"生活适应"的相关系数分别为 – 0.079 和 – 0.228。

其二，上海白领移民社会信心中"预期个人发展信心"与社会适应全部 3 个维度进行皮尔逊相关分析，除"文化适应"不显著外，其余因子均显著正相关。与"心理适应"和"社会适应"的相关系数分别为 0.119 和 0.204。

其三，上海白领移民社会信心中"预期环境发展信心"与社会适应全部 4 个维度进行皮尔逊相关分析，除"文化适应"未达到显著水平，其他 3 个因子均显著正相关。与"心理适应"和"社会适应"的相关系数分别为 0.176 和 0.140。

综上所述，通过对上海白领移民生活压力、社会适应和社会信心进行相关分析，绝大部分维度通过统计显著性水平检验，也就意味着，三个变量有部分维度之间存在显著相关关系。

第四节　回归分析

在前文的论述中，以上海白领移民为研究核心，考察了人口特征等控制变量对中介变量和结果变量的作用，结果显示部分变量影响显著；而且也通过三变量各维度之间的相关分析，获得部分维度之间存在显著相关关系。因此本研究将采用多元线性回归来进一步检验各因素之间的因果关系。操作方法如下：

（1）将性别、年龄、收入等人口控制变量加入多元回归分析，验证控制变量对中介变量（社会适应）和因变量（社会信心）的影响作用程度。

（2）将自变量（生活压力）强制纳入回归分析，考察在控制其他变量的情况下，自变量（生活压力）对中介变量（社会适应）和因变量（社会信心）的预测作用程度。

（3）将中介变量（社会适应）强制引入回归方程，考察在控制其他变量的情况下，中介变量（社会适应）对因变量（社会信心）的影响程度。

（4）将自变量（生活压力）和中介变量（社会适应）依次强制纳入回归分析，考察在控制其他变量的情况下，自变量（生活压力）和中介变量（社会适应）对因变量（社会信心）的预测作用程度。

一、白领移民生活压力对社会信心的回归分析

依据上述方法，模型1运用人口统计变量作为控制变量对因变量社会信心进行回归；模型2加入自变量生活压力后再次对社会信心做回归分析，回归统计结果如表6-8所示。

表6-8　白领移民生活压力对社会信心回归分析

变量	模型1	模型2
男性 a	-4.676 ***	-2.982 **
	(1.022)	(0.938)
年龄	-0.356 *	-0.343 **
	(0.145)	(0.132)
收入对数	2.121 *	2.221 **
	(0.878)	(0.799)
在上海生活时间	-0.173	-0.0483
	(0.152)	(0.138)
有配偶 b	1.946	1.751
	(1.237)	(1.126)
本科 c	-3.160 *	-3.113 **
	(1.256)	(1.143)

续表

变量	模型 1	模型 2
研究生及以上 c	− 5. 056 **	− 3. 558 *
	(1. 693)	(1. 544)
管理人员 d	5. 469 ***	3. 744 **
	(1. 479)	(1. 351)
非上海户籍 e	− 1. 162	0. 739
	(1. 481)	(1. 354)
生活压力		− 0. 429 ***
		(0. 0306)
截距	60. 55 ***	76. 61 ***
	(4. 100)	(3. 903)
N	952	952
R^2	0. 053	0. 217
$Adj - R^2$	0. 0443	0. 2086
F 值	5. 90 ***	26. 07 ***
VIF	1. 6	1. 55

注：括号内为标准误；

　　＊p＜0.05，＊＊p＜0.01，＊＊＊p＜0.001。

参照组分别为 a 女性，b 无配偶，c 大专/高职，d 非管理人员，e 上海户籍。

　　检测两个模型所有变量的方差膨胀因子 VIF（Variane Inflation Factor，VIF），结果显示均小于 3，所以回归方程模型内部变量不存在多重共线性问题。

　　从表 6 - 12 的结果来看，在模型 1 中，对上海白领移民而言，男性对移民生活的社会信心能力要显著弱于女性；收入越高者的社会信心程度越高；而年龄越大，反而社会信心越低；相对于大专、高职学历的群体，本科学历和研究生及以上学历的两组被试群体，其社会信心程度反而显著降低，且全部通过显著水平检验；管理人员比非管理人员的社会信心程度显著提高；其他控制变量，如上海生活时间、是否为上海户籍和有无配偶未通过检验。整个模型判定系数为 0. 053，也就是说，本书控制变量对上海白领移民社会信心的解释力达到 5. 3%。

　　在模型 2 中，回归方程加入自变量，发现生活压力在 p＜0.001 的水平上达到显著，系数为 − 0. 429。说明上海白领移民的生活压力越大，社会信心程度越低，这一结果验证了假设 H1。另外，模型 2 的解释力为 21. 7%，相较于模型 1

提升了 16.4%，显然，白领移民生活压力是解释社会信心非常重要的解释变量。

二、白领移民生活压力对社会适应的回归分析

如表 6 – 13 显示，本研究首先将分类变量（性别、教育程度、管理人员身份）转化为虚拟变量，保留连续变量（年龄、收入和在上海生活时间），模型 1 将人口学特征变量作为控制变量对中介变量（社会适应）进行回归；模型 2 加入自变量生活压力后再次对白领移民社会适应做回归分析，结果如表 6 – 9 所示。

表 6 – 9　白领移民生活压力对社会适应回归分析

变量	模型 1	模型 2
男性 a	-6.597 ***	-5.294 ***
	(1.084)	(1.043)
年龄	-0.0796	-0.0779
	(0.153)	(0.146)
收入对数	5.421 ***	5.488 ***
	(0.931)	(0.887)
在上海生活年限	1.165 ***	1.268 ***
	(0.163)	(0.156)
有配偶 b	0.614	0.453
	(1.309)	(1.248)
本科 c	-0.661	-0.611
	(1.333)	(1.271)
研究生及以上 c	-8.808 ***	-7.622 ***
	(1.798)	(1.719)
管理人员 d	4.156 **	2.825
	(1.562)	(1.496)
非上海户籍 e	-6.993 ***	-5.419 ***
	(1.573)	(1.508)

续表

变量	模型1	模型2
生活压力		−0.333***
		(0.0342)
截距	42.91***	55.51***
	(4.333)	(4.330)
N	945	945
R^2	0.221	0.293
$Adj − R^2$	0.2136	0.285
F值	29.49***	38.63***
VIF	1.6	1.55

注：括号内为标准误；

$*p < 0.05$, $**p < 0.01$, $***p < 0.001$；

参照组分别为 a 女性，b 无配偶，c 大专/高职，d 非管理人员，e 上海户籍。

检测两个模型所有变量的方差膨胀因子 VIF（Variane Inflation Factor, VIF），结果显示均小于 3，所以回归方程模型内部变量不存在多重共线性问题。

从表 6-13 的结果来看，在模型 1 中，对上海白领移民而言，男性对移民生活的社会适应能力要显著弱于女性；收入越高、在上海生活越久，被访者的社会适应程度越高；相对于大专学历的群体，研究生及以上学历的群体，其社会适应程度反而显著降低，本科学历群体也呈现降低趋势，但未通过显著水平检验；管理人员比非管理人员的社会适应程度显著提高；非上海户籍比上海户籍被访者群体的社会适应程度要低；其他控制变量，如年龄和有无配偶未通过检验。整个模型判定系数为 0.2037，也就是说，本研究中的控制变量对上海白领移民社会适应的解释力达到 20.37%。

在模型 2 中，回归方差加入生活压力这一自变量，发现白领移民生活压力在 $p < 0.001$ 的水平上达到显著，系数为 −0.333。说明上海白领移民的生活压力越大，社会适应程度越低，这一结果验证了假设 H2。另外，模型 2 的解释力为 29.3%，相较于模型 1 提升了 7.2 个百分点，因此我们可以认为，白领移民的生活压力是解释其社会适应非常重要的解释变量。

三、白领移民社会适应对社会信心的回归分析

表 6-10 白领移民社会适应对社会信心回归分析

变量	模型 1	模型 2
男性 a	-4.681***	-2.636**
	(1.026)	(0.984)
年龄	-0.341*	-0.327*
	(0.145)	(0.137)
收入对数	2.094*	0.400
	(0.881)	(0.844)
在上海生活时间	-0.198	-0.563***
	(0.155)	(0.150)
有配偶 b	2.095	1.885
	(1.240)	(1.168)
本科 c	-3.148*	-2.886*
	(1.263)	(1.190)
研究生及以上 c	-5.282**	-2.390
	(1.703)	(1.625)
管理人员 d	5.447***	4.203**
	(1.479)	(1.397)
非上海户籍 e	-1.473	0.777
	(1.489)	(1.417)
社会适应		0.319***
		(0.0291)
截距	60.55***	47.04***
	(4.117)	(4.068)
N	943	943
R^2	0.054	0.162
Adj-R^2	0.0447	0.1529
F 值	5.9***	18.00***
VIF	1.59	1.59

注：括号内为标准误；

*$p < 0.05$，**$p < 0.01$，***$p < 0.001$；

参照组分别为 a 女性，b 无配偶，c 大专/高职，d 非管理人员，e 上海户籍。

分析结果如表 6 - 10 所示：

检测两个模型所有变量的方差膨胀因子 VIF（Variane Inflation Factor，VIF），结果显示均小于 3，所以回归方程模型内部变量不存在多重共线性问题。

从表 6 - 14 的结果来看，模型 1 中的结果依然是控制变量对因变量社会信心的回归，由于样本数的区别，各变量的回归系数有细微变化，但并未影响显著水平检验，控制变量对社会信心影响的显著趋势与上文的分析结果基本一致，整个模型的解释力为 5.4%。

在模型 2 中，回归方程加入中介变量，发现白领移民社会适应在 p < 0.001 的水平上达到显著，系数为 0.319。说明白领移民的社会适应程度越高，其社会信心程度也显著提高，这一结果验证了假设 3。另为，模型 2 的解释力为 16.2%，相较于模型 1 提升了 10.8%，显然，白领移民的社会适应是解释白领移民社会信心非常重要的解释变量。

四、白领移民生活压力、社会适应对社会信心的回归分析

本部分以上海白领移民生活压力、社会适应为自变量，社会信心为因变量。由于研究重点首先是探讨白领移民生活压力对社会信心的影响，其次是探求白领移民社会适应是否在其中具有中介作用。因此在回归模型 1 中，控制变量对社会信心回归；在模型 2 中，生活压力对社会信心进行回归；在模型 3 中，加入社会适应后再次对社会信心行为进行回归。分析结果如表 6 - 11 所示。

表 6 - 11　白领移民生活压力、社会适应对社会信心回归分析

变量	模型 1	模型 2	模型 3
男性 a	-4.764*** (1.029)	-3.097** (0.946)	-1.926* (0.931)
年龄	-0.348* (0.146)	-0.342* (0.133)	-0.330* (0.129)
收入对数	2.129* (0.882)	2.215** (0.804)	1.013 (0.797)
在上海生活时间	-0.197 (0.155)	-0.0676 (0.142)	-0.342* (0.142)

续表

变量	模型1	模型2	模型3
有配偶 b	2.047	1.833	1.751
	(1.243)	(1.133)	(1.100)
本科 c	-3.130*	-3.086**	-2.920**
	(1.267)	(1.155)	(1.122)
研究生及以上 c	-5.189**	-3.675*	-1.989
	(1.707)	(1.560)	(1.531)
管理人员 d	5.518***	3.791**	3.191*
	(1.482)	(1.357)	(1.319)
非上海户籍 e	-1.445	0.570	1.759
	(1.494)	(1.370)	(1.339)
生活压力		-0.427***	-0.354***
		(0.0310)	(0.0316)
社会适应			0.220***
			(0.0288)
截距	60.63***	76.78***	64.66***
	(4.133)	(3.946)	(4.148)
N	940	940	940
R^2	0.055	0.215	0.261
$Adj - R^2$	0.0454	0.2065	0.2524
F值	5.97***	25.43***	29.82***
VIF	1.60	1.55	1.57

注：*$p<0.05$，**$p<0.01$，***$p<0.001$；

参照组分别为 a 女性，b 无配偶，c 大专/高职，d 非管理人员，e 上海户籍。

检测三个模型所有变量的方差膨胀因子 VIF（Variane Inflation Factor，VIF），结果显示均小于3，所以回归方程模型内部变量不存在多重共线性问题。

从表6-15的结果来看，对上海白领移民来说，模型1中控制变量对白领移民社会信心解释力为5.5%；模型2中，回归方程加入自变量，发现白领移民生活压力在 $p<0.001$ 的水平上达到显著，系数为-0.427。解释力上升到21.5%；在加入中介变量社会适应，模型3的结果显示，白领移民生活压力和社会适应仍

在 $p < 0.001$ 水平上达到显著，模型的解释力上升到 26.1% ，而白领移民生活压力对社会信心的回归系数却下降到了 -0.354 ，而社会适应的影响系数却高达 0.22。由此可以推断白领移民社会适应在生活压力对社会信心的影响过程中起部分中介作用，这一结果验证了假设 H4。

从上文的回归分析结果来看，并没有回答白领移民社会适应的三个维度是否在影响过程中都具有中介效应作用；是否存在某个维度起到完全中介的作用；并且白领移民生活压力各维度对白领移民社会信心各维度的具体影响机制如何？因此，本研究将就上述问题做进一步深入分析探讨。

第五节 白领移民社会适应的中介检验

本研究将生活压力、社会适应和社会信心都看作一个完整概念，针对上海白领移民，在上文将社会适应引入回归方程验证得出结论，说明其在白领移民的生活压力和社会信心相互作用中起中介作用。但回归分析并未验证社会适应 3 个构成维度是否都存在中介效应，因而，有必要继续验证。

最经典的验证中介作用的方法是由 Baron 和 Kenny（1986）提出的依次回归分析。根据这一方法，研究者须拟合 3 个回归方程：

$$X \xrightarrow{c} Y \longleftarrow e_2 \qquad Y = b_1 + cX + e_1 \qquad (6.1)$$

$$M \longleftarrow e_2 \qquad M = b_2 + aX + e_2 \qquad (6.2)$$

$$X \xrightarrow{c} Y \longleftarrow e_3 \qquad Y = b_3 + c'X + bM + e_3 \qquad (6.3)$$

方程中的 β 表示截距（一般忽略不计），ε 表示模型的误差项（一般也忽略），a、b、c、c′表示回归系数，反映了 3 个关键变量之间的关系。如果满足下列条件，则认为中介作用可能存在：①方程（6.1）中的回归系数 c 显著，也就是说，自变量（X）与因变量（Y）之间存在线性关系；②方程（6.2）中的 a 显著，就是说，有证据表明自变量（X）与中介变量（M）之间存在线性关系；③方程（6.1）中的 c 与方程（6.3）中的 c′的数值大小的比较是通过 z 检验来判定（Sobel，1982）。可以证明，检验 c（直接作用）与 c′（控制了间接的中介作用之后的直接作用）的差异与检验中介作用路径（ab）的强度是否大于 0 是等价的：方程中 a 和 s_a^2 的值可从方程（6.2）中得到，b 和 s_b^2 的值可从方程（6.3）中得到。

$$Z = \frac{a \times b}{\sqrt{b^2 s_a^2 + a^2 s_b^2}} \tag{6.4}$$

如果 a 或者 b 不显著（或者两者都不显著），就不存在中介作用，研究者可以总结说 X 对 Y 的影响都是直接的，而不是通过 M 这一中介实现的，那么分析到此结束。如果满足上述 3 个条件，研究者就可以总结说至少存在"部分的"中介作用，即 X 对 Y 的影响部分是直接的，部分是间接通过 M 这一中介实现的。如果上述 3 个条件都得到满足，但 c′不显著，就可以总结说存在一种"完美的"或"完全的"中介作用，即 X 对 Y 的影响全部通过 M 这一中介间接实现的。

温忠麟（2004）等的提法与以上三步大致相同，即先检验 c 是否显著，再依次检验 a、b 是否显著，最后检验 c′是否显著。所不同的是，当 a 或 b 出现不显著情况时，需要用 sobel 检验来检验。流程示意如图 6-1 所示。

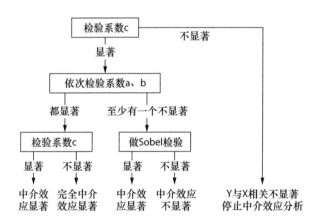

图 6-1　中介效应检验程序

资料来源：温忠麟，张雷，侯杰泰，刘红云．中介效应检验程序及其应用．心理学报，2004：36（5）。

本研究将分别对社会适应三个构成维度在生活压力对社会信心的影响作用中所起的中介作用进行检验。主要遵循温忠麟的中介效应检验程序四个步骤，采用三个回归方程。①检验自变量生活压力对社会信心的影响显著性；②检验自变量对中介变量社会适应各维度影响的显著性；③在控制自变量的情况下，考察中介变量社会适应各维度对因变量社会信心的影响显著性；④引入中介变量后，检验自变量对因变量影响显著性的变化情况。具体分析结果如表6－12所示。

表6－12　白领移民社会适应各维度对生活压力和社会信心的中介效应分析

步骤	因变量	自变量（含中介）	B
文化适应中介效应检验			
1（路径 c）	社会信心（y）	生活压力（x）	－0.417＊＊＊
2（路径 a）	文化适应（c）	生活压力（x）	－0.084＊＊
3（路径 b，c′）	社会信心（y）	文化适应（u）	0.022
		生活压力（x）	－0.412＊＊＊
心理适应中介效应检验			
1（路径 c）	社会信心（y）	生活压力（x）	－0.417＊＊＊
2（路径 a）	心理适应（m）	生活压力（x）	－0.262＊＊＊
3（路径 b，c′）	社会信心（y）	心理适应（m）	0.234＊＊＊
		生活压力（x）	－0.353＊＊＊
生活适应中介效应检验			
1（路径 c）	社会信心（y）	生活压力（x）	－0.417＊＊＊
2（路径 a）	生活适应（l）	生活压力（x）	－0.227＊＊＊
3（路径 b，c′）	社会信心（y）	生活适应（l）	0.182＊＊＊
		生活压力（x）	－0.373＊＊＊

注：括号内为标准误；

＊p＜0.05，＊＊p＜0.01，＊＊＊p＜0.001。

一、白领移民文化适应的中介效应检验

文化适应（c）的中介效应分析结果（标准化解）见表6－17和图6－2。由于依次检验中的第三步检验 b 不显著（即在控制自变量生活压力的情况下，考察中介变量文化适应对因变量社会信心的回归系数不显著，t＝0.76，p＞0.05），根据我们提出的检验程序，需要做 Sobel 检验，检验统计量是，此处 $\hat{a} = -0.084$，$s_a = 0.048$，$\hat{b} = 0.022$，$s_b = 0.02$，计算得 z＝－0.931，p＞0.05。所以文化适应

（c）的中介效应不显著。由此可见，对上海白领移民来说，生活压力直接预测社会信心，并不通过文化适应对社会信心产生间接作用。

表 6 - 13　白领移民文化适应对生活压力和社会信心中介效应的依次检验

次序	标准回归方程	回归系数检验
第一步	y = − 0.417x	SE = 0.0301738，t = − 14.43***
第二步	c = − 0.084x	SE = 0.0483124，t = − 2.62**
第三部	y = 0.022c	SE = 0.0203292，t = 0.76
	− 0.412x	SE = 0.030763，t = − 14.09***
Sobel 检验	$Z = \dfrac{a \times b}{\sqrt{b^2 s_a^2 + a^2 s_b^2}} = -0.931$，p > 0.05	

注：括号内为标准误；

　*p < 0.05，**p < 0.01，***p < 0.001。

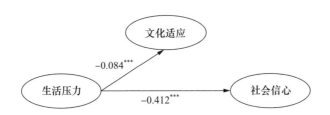

图 6 - 2　白领移民生活压力对社会信心的预测模型

二、白领移民心理适应的中介效应检验

如表 6 - 18 和图 6 - 3 所示，对上海白领移民而言，该群体的生活压力与社会信心、生活压力与心理适应之间 T 检验显著，心理适应与社会信心之间 T 检验也显著，即前三个中介效应依次检验均显著，所以心理适应对生活压力和社会信心的中介效应是显著。第四步检验：生活压力与社会信心的 t 检验结果显著，系数由 − 0.417 下降到 − 0.353，所以是部分中介。中介效应占总效应的比例为 − 0.262 × 0.234/（ − 0.353）　= 17.37% 。

白领移民心理适应对生活压力和社会信心的中介模型分析结果表明：一方

面，生活压力对社会信心有着直接的负效应，即上海白领移民的生活压力水平越高，其社会信心水平往往就越低；另一方面，生活压力水平通过心理适应对社会信心水平有间接的负效应，即生活压力程度大的上海白领移民，往往心理适应能力比较弱，而较弱社会适应能力的个体会影响到其社会信心水平，使社会信心水平降低。同样生活压力程度低的上海白领移民，往往心理适应能力较强，而主观融入程度较强的个体也会影响其信心水平，使社会信心水平增高。

表 6 – 14　白领移民心理适应对生活压力和社会信心中介效应的依次检验

次序	标准回归方程	回归系数检验
第一步	$y = -0.417x$	$SE = 0.0301738$，$t = -14.43^{***}$
第二步	$m = -0.262x$	$SE = 0.037198$，$t = -8.50^{***}$
第三部	$y = 0.234m$	$SE = 0.0255122$，$t = 7.98^{***}$
	$-0.353x$	$SE = 0.0307794$，$t = -12.06^{***}$

注：$*p < 0.05$，$**p < 0.01$，$***p < 0.001$。

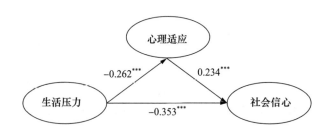

图 6 – 3　白领移民心理适应的中介模型

三、白领移民生活适应的中介效应检验

如表 6 – 19 和图 6 – 4 所示，从上海白领移民的情况来看，生活压力与社会信心、生活压力与生活适应之间 T 检验显著，生活适应与社会信心之间 T 检验也显著，即前三个中介效应依次检验均显著，所以生活适应对生活压力和社会信心的中介效应是显著的。第四步检验：生活压力与社会信心的 T 检验结果显著，系数由 -0.417 下降到 -0.373，所以是部分中介效应。中介效应占总效应的比例为

$-0.227 \times 0.182/(-0.373) = 11.08\%$。

上海白领移民生活适应对生活压力和社会信心的中介模型分析结果表明：一方面，生活压力对社会信心有着直接的负效应，即上海白领移民的生活压力水平越高，其社会信心水平往往就越低；另一方面，生活压力水平通过生活适应对社会信心水平有间接的负效应，即生活压力程度大的上海白领移民，往往生活适应能力比较弱，而较弱生活适应能力的个体会影响到其社会信心水平，使社会信心水平降低。同样生活压力程度低的上海白领移民，往往生活适应能力较强，而生活融入程度较强的个体也会影响其信心水平，使社会信心水平增高。所以，在生活压力对社会信心发生影响的关系中，生活适应起到了中介作用。

表6-15 白领移民生活适应对生活压力和社会信心中介效应的依次检验

次序	标准回归方程	回归系数检验
第一步	$y = -0.417x$	$SE = 0.0301738$，$t = -14.43^{***}$
第二步	$l = -0.227x$	$SE = 0.0336401$，$t = -7.28^{***}$
第三部	$y = 0.182l$	$SE = 0.0286117$，$t = 6.20^{***}$
	$-0.373x$	$SE = 0.03088$，$t = -12.7^{***}$

注：$*p < 0.05$，$**p < 0.01$，$***p < 0.001$。

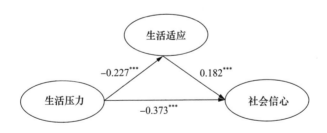

图6-4 白领移民生活适应的中介模型

综上所述，上海白领移民社会适应的三个维度中"心理适应"和"生活适应"在生活压力对社会信心的影响过程中起部分中介作用，其中"文化适应"的中介效应检验并未通过显著水平检验，因此，在影响过程中不起中介作用。这一结果验证了H4a1假设未被支持，假设H4b1、H4c1得证。

第六节 结构方程模型分析中介作用

在上文论述中，本研究将生活压力、社会适应和社会信心看作二阶概念构成，通过计算测项之间的数量关系预测每个变量及其构成维度的预测值，也就是说，本研究假设3个概念建构及其每个概念的构成维度都是由一个指标测量，并且运用回归方程和依次回归的方法检验了3个变量之间的预测关系和中介关系。

然而，实际的研究情境是每一个关键概念建构都由多项量表来测量，3个概念建构及其内容结构维度属于二阶和一阶潜在变量。面对如此复杂的研究情境，如果想获得更多的潜在变量之间的关系，一个更好的办法就是结构方程模型SEM。SEM是一个强有力的统计方法，代表了目前最先进的技术发展水平，它使研究者可以在一系列更广泛的情境下研究中介关系，尤其是当多重题项或多重变量被测量以用来捕捉关键概念建构的时候。

从技术层次来说，验证性因子分析（CFA）是结构方程模型（SEM）的一种次模型（submodel）。因此，对于结构方程模型的模型假设、评估、修正的标准都同CFA，本书在第五章第二节中已做出详细阐述，本节将对此标准不再赘述。

本节内容分为两部分，首先对各研究假设做出验证，其次对整合模型进行验证及分析，以详细探索白领移民生活压力、社会适应和社会信心内部作用的大小、方向等问题。

一、白领移民生活压力与社会信心之间的关系

根据之前的回归分析，我们理解白领移民生活压力对社会信心有显著的影响，但是白领移民生活压力的各维度与社会信心之间的各维度之间的相互关系并没有确切数据显示，并且在以往的研究文献中也没有过多涉及。

本研究首先假设白领移民生活压力的各维度对社会信心的各维度有显著影响，运用 Amos 软件包进行结构方程分析，经过模型假设的提出并不断修正得到关系，如图6-5所示。

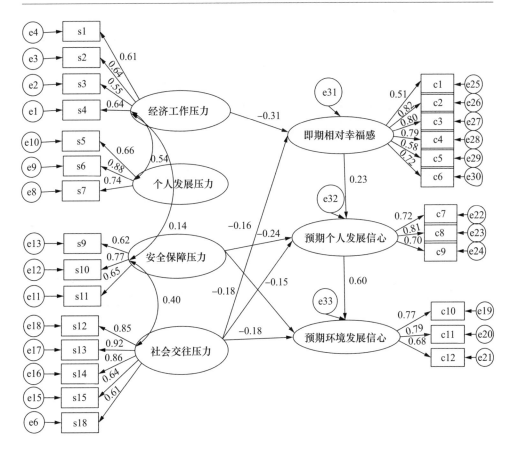

图 6 – 5 白领移民生活压力对社会信心影响路径（模型 1）

1. 模型评价

表 6 – 16 模型拟合评价表 1——生活压力与社会信心

评价指标	指标理想值	本模型指标	拟合情况
χ^2/df	<5，一般 <3 更佳	3.06	接受
AGFI	>0.9	0.918	很好
GFI	>0.9	0.932	很好
RMSEA	<0.1，<0.05 更佳	0.046	很好
NNFI	>0.9	0.914	很好
IFI	>0.9	0.940	很好
CFI	>0.9	0.940	很好

表 6-17　有效路径、路径系数——生活压力与社会信心

路径		路径系数
从	到	
经济工作压力	即期相对幸福感	-0.308***
安全保障压力	预期个人发展信心	-0.239***
	预期环境发展信心	-0.146***
社会交往压力	即期相对幸福感	-0.156***
	预期个人发展信心	-0.182***
	预期环境发展信心	-0.182***
即期相对幸福感	预期个人发展信心	0.234***
预期个人发展信心	预期环境发展信心	0.598***

注：*p<0.05，**p<0.01，***p<0.001。

2. 分析结果

由表 6-16、表 6-17 可知，在生活压力的各维度与社会信心的各维度之间：

（1）上海白领移民的"经济工作压力"对其"即期相对幸福感"评价有显著负向影响（γ=-0.308）。

（2）上海白领移民的"安全保障压力"对其"预期个人发展信心"（γ=-0.293）和"预期环境发展信心"（γ=-0.146）评价有显著负向影响。

（3）上海白领移民的"社会交往压力"对其"即期相对幸福感"（γ=-0.156）、"预期个人发展信心"（γ=-0.182）和"预期环境发展信心"（γ=-0.182）有显著的负向预测作用。

（4）上海白领移民的"个人发展压力"在模型1中，未有显著影响作用。

二、白领移民生活压力与社会适应之间的关系

本研究先假设白领移民生活压力各维度对社会适应各维度之间有显著的预测作用，不断修正得到关系，如图 6-6 所示。

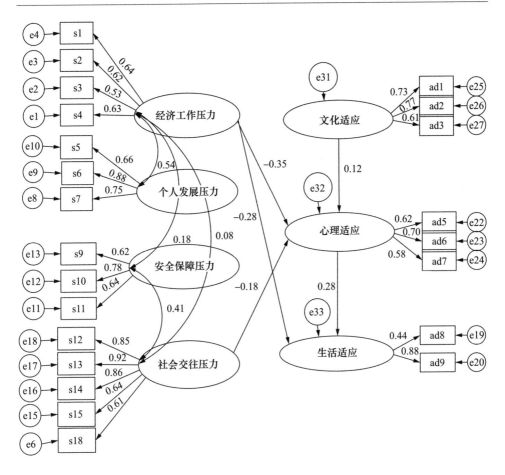

图 6 - 6　白领移民生活压力对社会适应影响路径（模型 2）

1. 模型评价

表 6 - 18　模型拟合评价表 2——生活压力与社会适应

评价指标	指标理想值	本模型指标	拟合情况
χ^2 / df	<5，一般 <3 更佳	2.943	很好
AGFI	>0.9	0.932	很好
GFI	>0.9	0.946	很好
RMSEA	<0.1，<0.05 更佳	0.045	很好

续表

评价指标	指标理想值	本模型指标	拟合情况
NNFI	>0.9	0.914	很好
IFI	>0.9	0.941	很好
CFI	>0.9	0.941	很好

表6－19　有效路径、路径系数——生活压力与社会适应

路径		路径系数
从	到	
经济工作压力	心理适应	－ 0.354 ***
	生活适应	－ 0.285 ***
社会交往压力	心理适应	－ 0.175 ***
文化适应	心理适应	0.122 **
心理适应	生活适应	0.277 ***

注：＊p＜0.05，＊＊p＜0.01，＊＊＊p＜0.001。

2. 分析结果

由表6－18表、6－19可知，在生活压力的各维度与社会适应的各维度之间：

（1）上海白领移民的"经济工作压力"对其"心理适应"（γ = － 0.354）和"生活适应"存在显著负向影响（γ = － 0.285）。

（2）上海白领移民的"社会交往压力"对其"心理适应"有显著的负向预测作用（γ = － 0.175）。

（3）上海白领移民"个人发展压力"和"安全保障压力"未见对社会适应各维度显著预测作用；社会适应中的"文化适应"也未见显著的影响因素。

三、白领移民社会适应与社会信心之间的关系

本研究先假设白领移民生活压力各维度对社会适应各维度之间有显著的预测作用，不断修正得到关系，如图6－7所示。

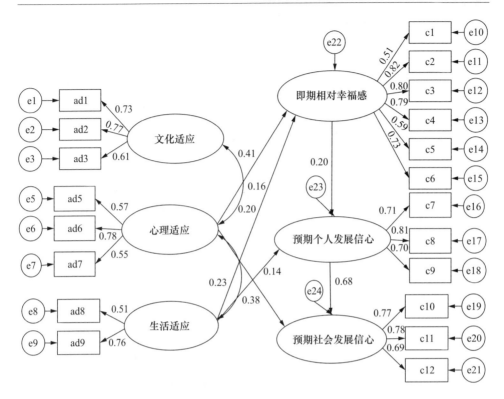

图6-7 白领移民社会适应对社会信心影响路径（模型3）

1. 模型评价

表6-20 模型拟合评价表3——社会适应对社会信心

评价指标	指标理想值	本模型指标	拟合情况
χ^2/df	<5，一般<3更佳	3.214	接受
AGFI	>0.9	0.933	很好
GFI	>0.9	0.948	很好
RMSEA	<0.1，<0.05更佳	0.048	很好
NNFI	>0.9	0.922	很好
IFI	>0.9	0.945	很好
CFI	>0.9	0.945	很好

表 6 – 21　有效路径、路径系数——社会适应对社会信心

路径		路径系数
从	到	
心理适应	即期相对幸福感	0.413***
	预期环境发展信心	0.142***
生活适应	预期个人发展信心	0.201***
	预期环境发展信心	0.235***
即期相对幸福感	预期个人发展信心	0.196***
预期个人发展信心	预期环境发展信心	0.676***

注: *p < 0.05, **p < 0.01, ***p < 0.001。

2. 分析结果

由表 6 – 20 和表 6 – 21 可知，在社会适应的各维度与社会信心的各维度之间：

（1）上海白领移民的"心理适应"对其"即期相对幸福感"（$\gamma = 0.413$）和"预期环境发展信心"（$\gamma = 0.142$）评价有显著正向影响。

（2）上海白领移民的"生活适应"对其"预期个人发展信心"（$\gamma = 0.201$）和"预期环境发展信心"（$\gamma = 0.235$）有显著的正向预测作用。

（3）上海白领移民的"文化适应"对社会信心各维度没有显著预测作用。

四、整合模型

根据上述模型 1 ~ 模型 3 的结论，本研究提出整合假设模型，经过不断修正，获得最终模型如图 6 – 8 所示。

1. 模型评价

表 6 – 22　模型拟合评价表 4——整合模型

评价指标	指标理想值	本模型指标	拟合情况
χ^2/df	<5，一般 <3 更佳	2.651	很好
AGFI	>0.9	0.909	很好

续表

评价指标	指标理想值	本模型指标	拟合情况
GFI	>0.9	0.922	很好
RMSEA	<0.1，<0.05 更佳	0.041	很好
NNFI	>0.9	0.892	可接受
IFI	>0.9	0.930	很好
CFI	>0.9	0.930	很好

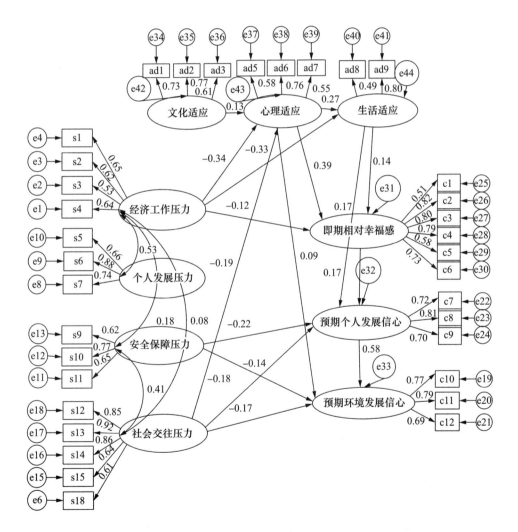

图 6-8 白领移民生活压力、社会适应和社会信心关系模型（模型4）

表6-23　有效路径、路径系数——整合模型

路径		路径系数
从	到	
经济工作压力	心理适应	-0.339***
	生活适应	-0.328***
	即期相对幸福感	-0.118**
安全保障压力	预期个人发展信心	-0.219***
	预期环境发展信心	-0.138***
社会交往压力	心理适应	-0.190***
	预期个人发展信心	-0.183***
	预期环境发展信心	-0.170***
心理适应	即期相对幸福感	0.395***
	预期环境发展信心	0.092**
生活适应	即期相对幸福感	0.144**
	预期环境发展信心	0.170***
文化适应	心理适应	0.129**
心理适应	生活适应	0.268***
即期相对幸福感	预期个人发展信心	0.169***
预期个人发展信心	预期环境发展信心	0.584***

2. 结果分析

从整合模型（模型4）与分模型（模型1、模型2、模型3）对比中可以看出，有几条路径及路径系数出现了变化，主要反映在以下几个方面：

（1）对上海白领移民而言，"经济工作压力"对"即期相对幸福感"的负向预测作用保持其显著性，即经济工作压力越大，即期相对幸福感越低；"安全保障压力"分别对"预期个人发展信心"和"预期环境发展信心"的负向预测作用保持其显著性，说明对环境越不具有安全感，其安全保障压力越高，那么"预期个人发展信心"和"预期环境发展信心"越低；"社会交往压力"分别对"预期个人发展信心"和"预期个人发展信心"的负向预测作用保持其显著性，说明对上海权威机构和人员越不具有信任感，其社会交往的压力越高，那么"预期个人发展信心"和"预期环境发展信心"越低；"社会交往压力"对"即期相对幸福感"的影响显著性消失，说明由于社会适应对"即期相对幸福感"的影响，

使"社会交往压力"对"即期相对幸福感"不具有直接预测作用。因此本研究的假设 H1a、H1b、H1c 部分得证。

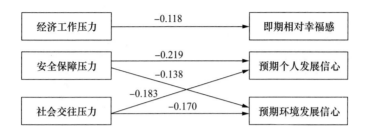

图 6 - 9　白领移民生活压力对社会信心直接预测图

（2）从上海白领新移民的实际情况来看，生活压力各维度对社会适应中的"文化适应"维度的影响，在模型 2 和模型 4 中均未见显著性作用，即说明生活压力对文化适应没有明显预测作用；"经济工作压力"分别对"心理适应"和"生活适应"保持显著负向影响作用，即上海白领移民的经济工作压力越大，其心理适应程度和生活适应程度就越低；"社会交往压力"对"心理适应"保持显著负向影响作用，即上海白领移民对权威机构的信任感越缺失，其社会交往压力越大，从而致使心理适应程度越低。因此本研究的假设 H2a 未获支持，假设 H2b、H2c 部分得证。

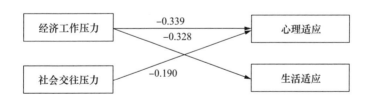

图 6 - 10　白领移民生活压力对社会适应直接预测图

（3）白领移民"心理适应"分别对"即期相对幸福感"和"预期环境发展信心"保持显著正向影响作用，即上海白领移民的心理适应程度越高，其"即期相对幸福感"和"预期环境发展信心"越高；"生活适应"分别对"即期相对幸福感"和"预期个人发展信心"保持显著正向影响作用，即上海白领移民的生活适应程度越高，其"即期相对幸福感"和"预期个人发展信心"越高。因此本研究的假设 H3a、H3b、H3c 部分得证。

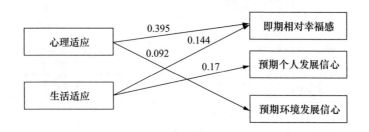

图 6-11　白领移民社会适应对社会信心直接预测图

（4）从模型 4 的路径系数显著性得出以下结论：

其一，白领移民社会适应中的"文化适应"维度在模型 4 中未见显著性作用，说明白领移民"文化适应"在生活压力各维度对社会信心各维度作用过程中，没有表现出显著中介效应作用。因此，本研究假设 H4a2 未获支持。

其二，模型 4 中考察白领移民"心理适应"的中介作用时发现，存在部分中介效应和完全中介效应。部分中介效应包括，"经济工作压力"对"即期相对幸福感"的路径系数从 -0.308 下降到 -0.118，说明上海白领移民的"经济工作压力"对"即期相对幸福感"的影响作用，有部分是通过"心理适应"的中介效应表现出来；"社会交往压力"对"预期环境发展信心"的路径系数从 -0.182 下降到 -0.170，说明上海白领移民的"社会交往压力"对"预期环境发展信心"的影响作用，有部分是通过"心理适应"的中介效应表现出来。完全中介效应包括，"经济工作压力"完全通过"心理适应"，对"预期环境发展信心"产生影响作用；"社会交往压力"完全通过"心理适应"，对"即期相对幸福感"产生影响作用。因此，本研究假设 H4b2 部分获得支持。

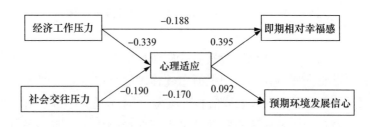

图 6-12　白领移民心理适应中介效应

其三，模型 4 中考察白领移民"生活适应"的中介作用时发现，存在部分中介效应和完全中介效应。部分中介效应包括，"经济工作压力"对"即期相对幸福感"的路径系数从 -0.308 下降到 -0.118，说明上海白领移民的"经济工作压力"对"即期相对幸福感"的影响作用，有部分是通过"生活适应"的中介效应表现出来。完全中介效应包括，"经济工作压力"完全通过"生活适应"，对"预期个人发展信心"产生影响作用。因此，本研究假设 H4c2 部分获得支持。

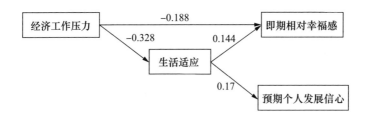

图 6-13 白领移民生活适应中介效应

五、研究假设总结

通过本章节的方差分析、验证性因子分析、回归分析以及结构方程模型等统计方法，对第三章的研究假设验证结果归纳，如表 6-24 所示。

表 6-24 研究假设评价归纳

序号	相关假设	本研究结果
1	H1 白领移民生活压力对其社会信心有显著的负向预测作用	支持
	H1a 白领移民生活压力各维度对即期相对幸福感有显著的负向预测作用	部分支持 经济工作压力—>即期相对幸福感
	H1b 白领移民生活压力各维度对预期个人发展信心有显著的负向预测作用	部分支持 安全保障压力—>预期个人发展信心 社会交往压力—>预期个人发展信心
	H1c 白领移民生活压力各维度对预期环境发展信心有显著的负向预测作用	部分支持 安全保障压力—>预期环境发展信心 社会交往压力—>预期环境发展信心

续表

序号	相关假设	本研究结果
2	H2 白领移民生活压力对其社会适应有显著的负向预测作用	支持
	H2a 白领移民生活压力各维度对文化适应有显著的负向预测作用	不支持
	H2b 白领移民生活压力各维度对心理适应有显著的负向预测作用	部分支持 经济工作压力—>心理适应 社会交往压力—>心理适应
	H2c 白领移民生活压力各维度对生活适应有显著的负向预测作用	部分支持 经济工作压力—>生活适应
3	H3 白领移民社会适应对其社会信心有显著的正向预测作用	支持
	H3a 白领移民社会适应各维度对即期相对幸福感有显著的负向预测作用	部分支持 心理适应—>即期相对幸福感 生活适应—>即期相对幸福感
	H3b 白领移民社会适应各维度对预期个人发展信心有显著的负向预测作用	部分支持 生活适应—>预期个人发展信心
	H3c 白领移民社会适应各维度对预期环境发展信心有显著的负向预测作用	部分支持 心理适应—>预期环境发展信心
4	H4 白领移民社会适应在生活压力对社会信心的影响过程中具有中介作用	支持
	H4a1 白领移民文化适应在生活压力对社会信心的影响过程中具有中介作用	不支持
	H4a2 白领移民文化适应在生活压力各维度对社会信心各维度的影响过程中具有中介作用	不支持
	H4b1 白领移民心理适应在生活压力对社会信心的影响过程中具有中介作用	支持
	H4b2 白领移民心理适应在生活压力各维度对社会信心各维度的影响过程中具有中介作用	部分中介 经济工作压力—心理适应—即期相对幸福感 社会交往压力—心理适应—预期环境发展信心 完全中介 经济工作压力—心理适应—预期环境发展信心 社会交往压力—心理适应—即期相对幸福感

续表

序号	相关假设	本研究结果
4	H4c1 白领移民生活适应在生活压力对社会信心的影响过程中具有中介作用	支持
	H4c2 白领移民生活适应在生活压力各维度对社会信心各维度的影响过程中具有中介作用	部分中介 经济工作压力—生活适应—即期相对幸福感 完全中介 经济工作压力—生活适应—预期个人发展信心

第七章
结论与讨论

第一节　本书主要结论

通过理论回顾与实证探索，本书验证了生活压力对社会适应和社会信心的影响作用过程。结合研究背景需要，本书认为三个研究变量均为多维度结构，其中社会信心包括"即期相对幸福感""预期个人发展信心"和"预期环境发展信心"三个维度；生活压力包括"经济工作压力""个人发展压力""安全保障压力"和"社会交往压力"四个维度；社会适应包括"文化适应""心理适应"和"生活适应"三个维度。通过方差分析、回归分析、结构方程模型等统计方法检验了研究提出的假设。将本书所得到的主要结论归纳如下。

一、结论一：社会信心的"三因素"结构

社会信心研究还处于新兴的发展阶段，关于这方面的研究文献还十分有限。本书基于学者已有关于社会信心内涵的解读，在社会信心的"二因素"概念理解下，结合深度访谈中对被访者的探索性研究，提出保留并稍加改变"二因素模型"中"即期幸福感"维度，而对"预期社会信心"部分拆分为"预期个人发展信心"和"预期环境发展信心"。因而本研究提出一个新的社会信心内容结构，即"三因素"结构模型。

本研究认为，在对社会整体未来发展进行预测和判断的过程中，首先要区分

预测主体，即明确微观方面的"个人发展"和宏观方面的"环境发展"是非常必要的，也成为"社会信心"的全备性特质，有别于其他领域"信心指数"的内容。

通过验证性因子分析，我们发现"三因素"结构模型的拟合度，明显优于"二因素"结构，也验证了本研究对社会信心"三因素"概念结构设想的合理性。明确的社会信心三维度模型通过实证检验具有较好的信度与效度。

二、结论二：白领移民生活压力对其社会信心有显著负向预测作用

已有研究表明，正是因为对于社会信心的研究仍然处于探索阶段，所以关于生活压力对社会信心影响力的讨论还并未深入展开，或者只有部分涉及。而所有涉及社会信心与其他变量的相关影响作用的讨论都是将社会信心作为一个高阶概念去研究的，并没有深入探寻概念的不同维度与其他变量之间的关系。尤其不可否认的是，原有研究多是在广泛的群体内泛泛地讨论社会信心问题，而忽略了研究对象特质的差异会显著影响生活压力对社会信心的作用机制。

本书通过上海白领移民这一特殊群体的调查数据，运用回归分析检验发现，当把生活压力和社会信心都作为一个高阶的概念进行研究时，上海白领移民的生活压力越大，其社会信心越低，并且在 $p < 0.001$ 的水平上达到显著，而其影响的解释力达到 21.7%。证明生活压力是非常有效的预测社会信心的前因变量。

另外，本研究在运用结构方程模型的基础上，进一步探讨了两个概念各自不同维度之间的因果关系，得到以下发现：

其一，上海白领移民的"经济工作压力"对其"即期相对幸福感"存在负向显著影响（-0.118），即上海的白领移民如果经济和工作上的压力过大，其幸福感会下降，从而使对社会的整体信心判断下降。

其二，上海白领移民的"安全保障压力"对其"预期个人发展信心"和"预期环境发展信心"存在负向显著影响（分别为 -0.219、-0.138）。从路径系数看出来，对上海环境的安全感评价给上海白领移民所带来的压力越大，其预期个人发展的信心就越低，预期环境发展的信心也会显著降低。

其三，上海白领移民的"社会交往压力"对其"预期个人发展信心"和"预期环境发展信心"存在负向显著影响（分别为 -0.183、-0.170）。从路径系数看出来，对上海权威机构或权威专业人员的信任评价越低，给上海白领移民所带来的信任感压力就越大，从而导致其预期个人发展的信心就越低，预期环境

发展的信心也会显著降低。

三、结论三：白领移民生活压力对其社会适应存在显著的负向影响

通过对研究文献的梳理发现，尽管人们认识到生活压力会制约移民融入移入地的适应程度，但关于生活压力对社会适应预测作用的验证无论从理论研究上还是实证研究上都少有文章涉及。

本研究通过理论回顾，发现生活压力会制约白领移民融入上海的适应程度，其中包括"心理适应"和"生活适应"，而这些都能够降低上海白领移民的社会信心。因此本研究提出白领移民生活压力对其社会适应负向显著影响的假设，并通过实证分析发现，白领移民生活压力在 $p < 0.001$ 的统计显著性水平上对社会适应产生显著的影响，其解释力达到29.3%。说明生活压力对社会适应具有很大程度的影响。并且，本研究运用结构方程模型，对两变量各维度的作用关系进行具体探讨发现：

其一，上海白领移民的"经济工作压力"对其"心理适应"和"生活适应"存在负向显著影响（分别为 -0.339、-0.328）。从路径系数看出来，上海白领移民经济和工作方面所带来的压力越大，其对移入地上海的"心理适应"和"生活适应"都显著降低。

其二，上海白领移民的"社会交往压力"对其"心理适应"存在负向显著影响（为 -0.190）。从路径系数看出来，对上海权威机构或权威专业人员的信任评价越低，给上海白领移民所带来的信任感压力就越大，从而导致其"心理适应"程度越低，即较难形成对自身在移入地的新的身份认同。

四、结论四：白领移民社会适应对其社会信心的正向预测作用

关于社会适应对社会信心的影响研究比较多，大部分学者的结论都支持社会适应能够正向影响社会信心，但是对于影响过程和影响程度并没有达成一致。

本研究通过回归分析发现，在二阶概念层面，社会适应对社会信心的影响在 $p < 0.001$ 的水平上达到显著，其解释力达到16.2%。进一步通过结构方程模型，验证两变量各维度之间的作用关系发现：

其一，上海白领移民的"心理适应"对"即期相对幸福感"和"预期环境发展信心"影响程度有显著正向性特征（分别为0.395、0.092），即如果上海白

领移民对自身新身份认同度较高，那么所表现出的当前具有较高的幸福感，并且对未来上海环境发展有较强的信心。

其二，上海白领移民的"生活适应"对"即期相对幸福感"和"预期个人发展信心"影响程度有显著正向性特征（分别为0.144、0.170），即如果上海白领移民对当前自身生活和工作方面满意度较高，那么表现为当前具有较高的幸福感，并且对未来自己在上海的个人发展前景有较强的信心。

五、结论五：白领移民社会适应在生活压力对社会信心的影响过程中的中介作用

基于既有研究成果，本研究在实证研究之前根据文献提出假设，社会适应在生活压力对社会信心的影响过程是具有中介作用的，但是社会适应如果具有中介效应，其影响力有多大，概念中的各个维度是否都具有中介效应等问题都需要加以检验。

1. 白领移民社会适应及各维度的中介作用

（1）本研究通过回归分析，对社会适应三维度结构作为一个二阶的构念，对其中介效应做出检验。结果表明，上海白领移民社会适应在生活压力对社会信心的影响过程中起部分中介作用。

也就是说，在上海白领移民生活压力对社会信心作用过程中，有79.31%表现为直接预测作用，其余的20.69%[1]部分是生活压力通过社会适应作用于社会信心。

（2）为了验证社会适应各维度在中介效应中的作用，本研究运用温忠麟所提出的三步检验步骤逐一对社会适应三个维度的中介作用力进行检验。结果显示，上海白领移民社会适应的三个维度中"心理适应"和"生活适应"在生活压力对社会信心的影响过程中起部分中介作用。其中，"文化适应"的中介效应假设未被验证。

心理适应部分中介效应占总效应的17.37%[2]，也就是说，上海白领移民生活压力对社会信心的作用，其中17.37%是通过心理适应的中介作用。

---

[1]　社会适应的中介效应/总效应 = (−0.333 ×0.220)/(−0.354)

[2]　心理适应的中介效应/总效应 = −0.262 ×0.234/(−0.353)

生活适应的部分中介效应占总效应的比例为 11.08%①，即上海白领移民生活压力对社会信心的作用，其中 11.08% 是通过生活适应的中介作用。

2. 白领移民社会适应各维度在生活压力各维度对社会信心各维度作用过程中的中介作用

本研究通过结构方程，将上海白领移民生活压力、社会适应和社会信心都看作具有多维度结构的潜在变量，对社会适应各维度在生活压力各维度对社会信心各维度作用过程中的中介效应做出检验。

（1）白领移民心理适应的中介作用。

其一，上海白领移民心理适应在经济工作压力对即期相对幸福感过程中，起部分中介作用。也就是说，上海白领移民经济工作压力对其当前的幸福感预测，有 71.23% 是通过心理适应的中介作用。

其二，上海白领移民心理适应在社会交往压力对预期环境发展信心过程中，起部分中介作用。也就是说，上海白领移民对权威机构的信任感知越低，其社会交往压力越大对其未来环境发展信心的预测就越低，其中有 10.28% 是通过心理适应的中介作用表现出来的。

其三，上海白领移民心理适应在经济工作压力对预期环境发展信心过程中，起完全中介作用。上海白领移民经济工作压力大小，与其对未来环境发展信心的预测没有显著的直接关系，但可以通过心理适应间接对其产生影响。也就是说，如果被访者的工作和经济压力越大，那么其在移入地的新身份认同度就比较难完成，心理适应程度就会越低，从而导致对未来环境发展信心的缺乏。

其四，上海白领移民心理适应在社会交往压力对即期相对幸福感过程中，起完全中介作用。上海白领移民社会交往压力大小，与其对当下幸福感的判读没有显著的直接关系，但可以通过心理适应间接地对其产生影响。也就是说，如果被访者对上海权威机构和人员越不信任，那么其在移入地的新身份认同度就比较难完成，心理适应程度就会越低，从而导致幸福感的缺失。

（2）白领移民生活适应的中介作用。

其一，上海白领移民生活适应在经济工作压力对即期相对幸福感过程中，起部分中介作用。也就是说，上海白领移民经济工作压力对其当前的幸福感预测，有 25.12% 是通过生活适应的中介作用。

---

① 生活适应的中介效应/总效应 = -0.227 × 0.182/(-0.373)

其二，上海白领移民生活适应在经济工作压力对预期个人发展信心过程中，起完全中介作用。上海白领移民经济工作压力大小，与其对未来环境发展信心的预测没有显著的直接关系，但可以通过生活适应间接地对其产生影响。也就是说，如果被访者的工作和经济压力越大，那么就会影响其在移入地生的活满意度，生活适应程度就会越低，从而导致对自身未来个人发展信心的缺乏。

六、结论六：人口特征的控制变量对白领移民社会信心的影响

本书通过方差分析及层次回归分析检验了人口特征等控制变量对上海白领移民社会信心的影响是否显著。结论显示：

其一，性别变量显著影响上海白领移民社会信心的变化。从回归系数（-1.926）可以看出，男性比女性的社会信心要弱。

其二，年龄变量显著影响上海白领移民社会信心的变化。回归系数（-0.330）显示，年龄越大其对社会信心的预测越低，更缺乏信心。

其三，在加入社会适应中介变量后，收入对上海白领移民社会信心的影响显著性消失，也就是说收入通过影响社会适应，间接作用于社会信心。

其四，在上海生活时间越长，白领移民社会信心显著降低。

其五，受教育程度显著影响上海白领移民社会信心。无论是本科还是研究生以上学历，相对于专科及以下的被访者，社会信心明显降低。

其六，管理人员身份是显著影响上海白领移民社会信心的变量。相对于非管理人员来说，管理人员有更强的社会信心。

第二节 讨论与反思

陈惠芬（2003）曾指出，全球化进程的加快和当前上海面临的新机遇与挑战，使城市意识和群体认同问题更为突出地呈现出来。诚如斯言，怀揣激情与梦想在都市打拼的外来者——白领移民，经过"上海""上海人""上海文化"等一系列与上海有关的、不可预料的，但又无法规避的符号或因素熏陶和淬炼之后，他们所形塑而成的心理状态究竟会对他们的行为倾向与行为选择产生什么样的影响？就本研究而言，当前白领移民的社会信心状况会产生何种后发效应？或

者说存在哪些可以指导我们未来政策选择的预知倾向？这是我们需要关注和追问的首要问题。

一、"落地生根" 抑或匆匆 "过客"——白领移民植根与漂泊是非之辩

白领移民既是城市发展的中坚力量，也是中产阶层的重要组成部分，因此，该群体的健康发展对于城市建设及社会阶层结构的影响都是深远的。为使其能最大限度地服务于城市发展，一个必须考虑的首要问题是白领移民是否能在所在城市 "落地生根"，将迁入地城市定为永久居住地，而不是把这个城市当作中转站游离于都市之外，成为随时准备漂泊的匆匆 "过客"。有研究显示，一批进入城市的外来人口，最后会有10%～15%的人口稳定地居留上海，成为新上海人的组成部分（任远，2006）。依此逻辑追问，我们所研究的上海白领移民在去留选择上处于何种状态？此种状态的形成会受到哪些因素的影响？这是本部分所要解读的核心问题。

那么，是什么决定着上海白领移民居留意愿的选择呢？一些关注上海外来移民群体的研究者们普遍认为，对于许多城市新移民来说，客观生活条件影响着他们继续生活下去的意愿。因此，外来移民只有具备了更多可以继续生活于上海的客观条件，才可能选择植根上海。对上海外来人口长期居留意愿的分析表明，主要是下列外来人口具有永久居留倾向：具有稳定职业在上海长期工作者、白领职业和较高层次就业者、与上海本地居民成婚的异地者、具有创业意识在上海自我雇佣和投资办厂者、在上海购买住房居住生活者等（任远、戴星翼，2003）。另外，从长远来看，定居上海就意味着他们会在上海成家立业，将在上海经历生老病死，这就需要职业和经济作为保障。因此，就算是农民工，如果他们的经济收入越高，也会越倾向于停留于城市（李静，1996）。无独有偶，对北京外来人口的研究也有类似发现，对于微观层次的个体来说，在京生活状况实际上决定了他们对北京生活的适应情况，因此对其迁移意愿有明显影响（胡玉萍，2007）。

但这不是决定城市外来移民选择植根还是漂泊的唯一因素。雷开春（2009）指出，虽然受到移民政策（尤其是户籍政策）限制，白领移民能否获得上海户口并不确定，但他们普遍以自己的方式获得相对稳定的职业，展开了城市生活，有的甚至已在迁入城市组建了家庭。但这并不能证明他们在迁入城市的生活是充满愉快的。正如华金·阿朗戈（2001）所指，"现有理论大都无视造成（移民）留的向心力"。他所言的 "向心力" 就是指心理上的认同。研究者们也认为，移

民真正融入迁入地社会的重要标志来自心理维度（麦格，2007：95；Gordon，1964：71）。还有研究指出，从心理和主观感受上来讲，流动人口迁移动机也不仅限于经济考虑，他们在心理上对迁入地生活总体比较满意，这也是影响其迁移意愿的因素之一（胡玉萍，2007）。

由以上研究我们会初步发现，在影响城市外来移民居留意愿选择的问题上，存在着两种研究取向，即客观因素决定论和主观因素决定论的二元分野。客观因素和主观因素哪个在影响城市外来移民居留意愿选择上占主导，对于这一问题的回答仁者见仁、智者见智，可能并不能形成统一的看法，需要在以后的研究中不断地探究和验证。但仅就本研究而言，调查数据显示，将近四成的上海白领移民正在考虑离开上海，也就是说，有六成多的上海白领移民仍然有留在上海的趋向，整体看居留意愿较强。下面我们从主客观两方面因素来加以分析。

按照上文的逻辑，先就客观因素而言，本研究中，上海白领移民的生活压力由经济工作压力、个人发展压力、安全保障性压力和社会交往压力四个维度构成，整体上我们基本可以把生活压力作为影响上海白领移民去留的客观因素，本研究的数据显示，上海白领移民的平均生活压力状况趋于中等水平，平均社会适应状况在中等水平以下，整体社会信心也低于中等线，但进一步分析发现，经济工作压力、生活适应和即期相对幸福感在各组核心变量的关系模型中都具有显著性影响，并且笼统来说，它们都可看作这里我们所谈的客观因素，或与客观因素紧密相关。经济工作压力虽然是白领移民生活压力中较高的，也对白领移民造成突出的影响，但社会适应中的生活适应维度在三个维度之中是最高的，而且在上海白领移民整体社会信心低于中等水平的情况下，数据显示构成社会信心的即期相对幸福感却高于中等线。所以，综合来看，白领移民整体上对当前在上海的移民生活的客观现实状况是认可的。

就主观因素而言，上海白领移民的社会适应状况呈现偏低态势，数据结果显示的主要原因在于心理适应和文化适应程度非常低，其中心理适应程度最低，也就是说上海白领移民对于上海文化的融入程度和身份认同并不乐观。并且上海白领移民呈现集体缺乏信心趋势，数据显示的主要原因在于个人预期发展信心和个人预期环境发展信心低于平均水平，其中个人预期环境发展信心尤低。

由此可以看出，在本研究中，对于上海白领移民居留意愿选择影响的作用客观因素要强于主观因素，也就是说，本书通过数据分析所得结论支持客观因素决定论的研究取向。此种结论的产生，为我们在实践中要充分重视改善白领移民的客观生活条件提出迫切的要求。

一个无法忽视的事实是，城市移民群体在移居地的确受到各种客观因素的限制。学者指出，城市新移民"在一定意义上已构成了一个'移民系统'，并在宏观、中观和微观三个层面上分别受制于制度政策、社会网络和人力资本的影响"（文军，2005）。目前在我国存在的诸多针对城市移民的社会屏蔽制度中，影响最大的莫过于户籍制度，这在已有关于城市发展制度层面的研究中对户籍制度的普遍关注程度可见一斑。虽然各城市正逐次推行户籍制度改革，但城市移民的工作、福利、社会保障等切实利益仍与是否拥有本地户口紧紧连在一起。对于上海白领移民来说，也在一定程度上受到这方面的限制。陈映芳（2005）对于上海迁移人员的研究中提到，"城市政府凭借既有的户籍制度，城市行政管理系统和劳动部门、社会保障、公共教育等各个系统将迁移人员排除在城市居民之外，使迁移人员成为事实上的城市里的非城市人，制度规定的非市民"。可见，即使随着户籍制度改革的推进，户口的作用正逐渐淡化，但户口仍被视为居民身份的主要标志，拥有本地户口就意味着获得了融合共生的制度性保障，对于身处于上海大都市的白领移民来说同样如此。虽然部分白领移民通过个人努力能够获得本地户口，但真正适应和融入城市社会却是一个漫长的过程，拥有本地户口只是万里长征的第一步。本地户口缺失上海市的白领移民不同程度经受来自制度、社会和文化上的排斥与歧视，在相关政策安排上难以享受与市民同等的待遇，成为制度上的"二等公民"，由此产生的相对剥夺感使他们无法真正融入都市的生活圈。

影响上海白领移民居留意愿的另一客观因素则是住房。几乎所有的白领移民最初都是满怀梦想来到城市，作为城市的居民，在"安居方能乐业"传统的"家"观念影响之下，解决住房问题是彻底融入城市，成为都市人的重要印证，但城市房价不断飙升的现实使他们举步维艰。上海的住房状况则更为严峻，有调查显示，住房问题是上海城市青年移民迫切要求解决的首要问题，但住房问题对该群体的工作和生活等造成了很大压力，严重影响了他们的生存与发展（赵文，2011）。本调查数据也发现，多数白领移民在上海买不起房，将近半数被访者认为住房费用是日常开支最重的负担之一，住房就好比一座大山使上海白领移民不堪重负而沦为"房奴"。有恒产者有恒心，房子是白领移民在上海"扎根"的重要条件。住房对于白领移民在上海工作生活的信心具有显著影响，直接关系这一群体的婚姻、子女教育、生活质量及幸福感提升，已有不少人因巨大的住房压力而选择"逃离上海"。

这两个因素与目前我国存在的诸多针对城市移民的社会屏蔽制度密切相关。白领移民自身因户口或住房的缺失，所对应的社会歧视性政策使其不能得到社会合法性制度认同和城市主流文化接纳，该群体极可能成为"虽身居城市，却无法作为一个永久性居民被接收，或可成为在脱离原有社会体系之后，又并未融入城市主流社会之中，从而成为了'双重边缘人'"（唐斌，2002）。

究其原因，从根本上讲，难以跨越的社会制度性因素使与该群体相关的诸多利益受到削减甚至剥夺。许传新（2007）的研究指出，虽然新生代农民工为适应城市社会，被城市"主流社会"所接纳，已经做了巨大努力，但难以跨越的外在社会结构性因素使其并没有在城市"生根"。所以，制度性排斥问题如若不加解决，其所引致的后续问题也难以处理。避免陷入恶性循环的关键在于加强相关制度建设，以控制社会屏蔽制度对白领移民所造成的社会排斥和社群隔离，加快消除区域户口差异，加大住房制度改革力度，从制度上控制对白领移民的排斥和歧视，这才是提升白领移民社会信心，从而使其永久居留的根本举措。

总之，虽然本书的数据在一定程度上支持了客观因素决定论的研究取向，但并不是说主观因素就不重要，由上文数据显示的结果可反映出上海白领移民主观状况不容乐观，亟须引起高度重视。而且，本书所用数据属于横向数据，缺乏纵贯数据的时效性和全面性，所得观点易受质疑。另外所得数据结果是对上海白领移民居留意愿的主观看法，离真正的"落地生根"相差很远。所以，笔者认为，决定上海白领移民是否扎根上海是主客观因素共同作用的结果，"落地生根"不仅表现为身体上的植根，还表现为精神上的归属，即身体和精神的双重植根。而从长远来看，心理上对所在城市的认同和归属（精神植根）是衡量和决定上海白领移民真正扎根的最主要因素。

对上海白领移民来说，从其他地区迁移到上海这一大都市，物理空间上的改变，使他们面临各种与之息息相关的客观现实变化，他们也会相应地调整自己的生活方式、价值观念和行为模式，主动地去适应城市生活。经过自身的努力和调节，以及当地社会的鼓励和引导，基本上能很快适应这种客观条件上的改变，但这并不是说他们已在心理上实现身份认同的转换。有研究指出，由于身份不是代表着以户籍为标志的体制性标定，还包括心理角色的内在确认，所以，户籍问题不存在制度排斥的移民仍然可能会面临群体身份认同错位问题（雷开春，2008）。可见，移民的自我身份焦虑是一个普遍性的问题。吉登斯（1998）也认为，"个体生活的变换总是需要心理重组……在现代性的情境下，变化的自我作为联结个人改变和社会变迁反思过程的一部分，被探索和建构"。

实际上，许多移民在迁入许多年后仍然将自己归属为原住地社会，这种社会归属的现实错位问题会促使移民不断思考自我身份归属（认同）问题（雷开春，

2008)。因此，白领移民的身份认同问题在此需要我们给予重点关注。身份是移民研究重点关注的主题，身份是关于"我（们）是什么""我（们）曾经是谁，现在是谁""别人认为我（们）是谁"等问题的追问，以从根本上探求个体与群体的自我特性和生存意义（覃明兴，2005）。亨廷顿（2005）提出，"在绝大多数情况下，身份（identity）都是构建起来的概念，人们是在程度不等的压力、诱因或自由选择的情况下，决定自己的身份（identity）的"。经典的传统身份理论注重身份的静态理解，认为身份是一种常驻不变的"人格状态"，是赖以确定人们权利和行为能力的基准，人们从社会获得某种身份的同时，也获得与此身份相适应的种种权利（覃明兴，2005）。而现代建构主义则持相反论调，强调身份建构的动态性，认为身份是由社会建构的，是一种在演变中持续和在持续中演变的建构过程（钱超英，2000）。基于建构主义的身份理论，身份没有永恒的本质和结构，具有多变性特征，这一基础上的身份认同具有一定的主观性，行动个体可以在充分发挥建构力和能动性的过程中对自我进行反思。

以上海白领移民为例，从自我身份的主观判断来看，移民必然要对当前新情境下的自我身份做出新的认知。因为空间的迁移，不仅使生活条件、居住场所、工作环境等具象问题得以改变，而且涉及深入的抽象问题，特别是对有关个体和群体身份的追问。有学者指出，诸如移民的这类身份追问，其目的在于获得对身份"满意的、完整一致的意义解释，以便接受和平衡转变所带来的心理风险，使自我和变化着的环境的有效联系得以重建，以免于主体存在感的失落"（钱超英，2000）。因此，上海白领移民在移入上海之后，在与城市社会频繁的互动过程中，面临着身份的转换与重构，这一问题的解决关系到白领移民迁移价值的实现和异地生存意义的获取，最终所要解决的是"我是谁"这一根本性的主观认同。

在本研究中，上海白领移民对于自身是否属于"上海人""中产""白领"多数并不认同，对自己的地位认同多数认为处于中下层。这不能不引起我们关注。国际移民地位研究大多以族群分层的视角来考察移民的客观社会地位，认为大多数移民处在底层的从属地位，小部分移民处于低于等级制度上层的支配群体的中间地位（麦格，2007）；对我国城乡移民的社会地位，尽管研究者曾提出"底层精英"的概念（李强，2002），但普遍的观点还是认为在当前的城市中他们仍处于社会底层。移民的这种客观地位现状真的是移民的社会地位的真实反映吗？这一问题的追问，使得主观地位转换的视角越来越引起研究者们的关注，该视角利于研究者快速而有效地理解移民迁移现象，因为主观社会地位的变化对于外来移民来说更为直接和重要。

数据显示，白领移民心理适应对社会信心的影响非常显著，心理适应度高的白领移民的社会信心明显强于心理适应度低的白领移民，说明精神上的认同程度越高，其对自己和整个上海的信心也越高，那么，白领移民扎根上海的可能性也就越大。我们也应看到，白领移民群体在迁入地为了生存和发展，尽快融入主流社会，始终不断地进行自我反思，重构与新环境相一致的身份。但白领移民身具白领和移民双重特征，注定了身份重塑的过程是复杂而漫长的。特别是在当前社会阶层之间流动快、变动大，个体化社会日益增强的背景下，人们的"自我认同"和行为选择与那些传统的阶级归属、家庭背景等决定因素发生断裂（李培林，2005）。白领移民在城市融入过程中，该群体极有可能成为城市生活的"另类"，处于既不是外乡人，也不是本地人的夹心层境地，出现身份错位或失调。

因此，如果不能对目前白领移民面临的身份困境及时进行处理，必然影响他们的社会认同感和城市归属感，"漂泊化"的生活状态加上"过客"心理的蔓延，必然使该群体沦为"都市的他者"。相关研究普遍认为，"城市新移民产生身份重塑困境的原因在于个人身份建构与社会建构之间的矛盾，因而必须从内部条件、外部环境和政策建构等多个层级着手解决问题，重新塑造城市新移民身份"（马德峰、李风啸，2010）。诚如斯言，这就为实现城市发展与白领移民群体发展所要求的同化与融合提供了解决的路径，可从以上方面着手，使白领移民尽快脱离身份认同的困境，以期不断提升白领移民群体的社会信心，降低社会矛盾和社会冲突发生的可能。

我们需要进一步思考的问题是，白领移民在适应城市生活和文化的过程中，如何尽快实现从日常生活的基本适应到真正的心理归属认同，即使这是一个复杂、漫长而艰辛的跨越过程。移民的迁移不仅仅是空间位置的改变，甚至还意味着移民的整个家庭和每个家庭成员社会生活的完全移植，是将原有居住地的生活整体地"嫁接"在新的环境之中。这种生活移植是一种痛苦的和长期的过程。本研究表明，移民对这种生活移植过程中所形成的社会信心不容乐观，其中心理上的身份认同因素尤其需要重视。关于外来人口的社会融合研究指出，经济层面的融合只是实现了其生存适应，只有在心理或者文化上适应了城市，才说明流动人口完全地融入于城市社会（朱力，2002）。任远（2006）认为，外来人口只有逐步和城市生活、生产相结合，成为城市有机体的一部分，他们才能够完成他们的空间移动，在城市长期居住和生存下来。要使白领移民能够真正扎根于迁入地，必须认真探索和构建起帮助他们顺利建立心理归属认同的各种机制和条件，只有当白领移民不仅具备了生存的基本条件，习惯了迁入地的生活方式，并且在心理上已将迁入地看作"我群体"时，他们才在真正意义上适应了迁入地的生活，此时所形成的社会信心才能真正使白领移民远离匆匆"过客"的漂泊状态而真正地"落地生根"。

二、"移民化"抑或"反移民化"——白领移民文化适应正反之辩

本研究对核心变量间的相互关系进行深入探究，发现一个极为明显且有趣的现象。在上海白领移民生活压力对其社会适应的关系预测假设中，社会适应的维度生活适应和心理适应均得证，但文化适应未通过验证；在上海白领移民社会适应对社会信心的正向关系预测假设中，同样也唯有文化适应未通过验证；上海白领移民社会适应在生活压力对社会信心影响过程中的中介作用假设中，文化适应的中介效应假设也未被验证。由此可见，上海白领移民的文化适应都不参与各相关关系的建构与推衍，可以说文化适应的独特性质在本研究所重点讨论的相关关系中独善其身、一枝独秀。那么，这一有趣而特殊的现象其内在的逻辑是什么？反映出什么样的白领移民的内在特质？这些问题值得我们深入探讨。

首先，要从文化适应谈起，文化适应是文化人类学的一个重要概念，后来被引入移民研究中，用来指移民群体对主流社会文化的接纳和适应状况，包括个体在价值观、规范、行为方式等方面发生的适应性改变。对移民来说，不管他们原有的文化是什么，他们是否会逗留，也不管他们是难民还是自愿移民，都必须对新文化环境有某种形式的适应（Ward et al.，2001）。

移民群体进入城市后如何适应城市生活、实现与城市文化相互融合，一直是城市移民研究的经典命题。美国的芝加哥学派是该领域突出的代表，他们以经典的移民化理论模型研究从欧洲来到美国的新移民如何进入和适应新的环境，被后来者奉为圭臬。如帕克（Park，1950）建立的同化模型是由接触、竞争、调整、同化几个阶段构成；阿德勒（Adler，1975）提出的文化适应的五阶段模型包括接触、崩溃、重组、自律和独立。贝瑞（Berry，1980）在已有模型的基础上进行综合，提出一个涉及四个策略的新模型，即同化、分离、整合和边缘化。他们认为，外来人口迁移到城市，是一个原有人际关系解组，移民不断个人化，最后失去原有文化特征和社会关系，从而融入到城市的过程。卡亨（Reuven Kahane，1984）指出，所谓移民化就是指一个过程，在此过程中，一种文化向另一种文化进行整体流动，并往往引发一些问题；该过程给个人或群体的认同带来了某种危

机感，迫使其重新调整自己的认同。可见，移民化蕴含两层含义：其一，移民化是移民成为当地人的动态过程；其二，这个过程的结果表现为移民同化适应当地文化传统、价值观念和生活方式。

移民化是以同化理论为预设和前提，芝加哥学派所提出的"同化论"普遍认为，对移民来说，学习、适应、接受所在地的生活方式和文化价值观念，抛弃原有的社会文化传统和习惯，进而才能实现同化和融合。之后的"边疆熔炉论""三重熔炉论"及"变形炉论"等，可以说都是"同化论"的翻版。这一理论基本主导了西方移民社会适应早期研究的方向，但"同化论"的缺陷受到多方诟病，其中最有代表性的当属"多元文化论"的质疑。犹太裔美国学者霍勒斯·卡伦（Horace Kallen）提出了"多元文化论"，他认为，在民主社会的框架内保持各族群的文化，将使美国文化更加丰富多彩。多元文化论支持者乐观地认为，多元文化政策是解决当今世界上诸多民族、种族、宗教矛盾的灵丹妙药。

可以说，西方对外来移民与主流社会适应关系问题的理论探讨，形成"同化论"和"多元文化论"两大流派。百年来西方理论界对于外来移民的社会文化适应问题，仍然在两大基本理论取向之间争论、求索。由此也可看出，移民在移入城市的移民化过程中对于文化适应的选择，不仅只有如"同化论"观点所言的一种类型，他们还可以有其他的选择。

斯蒂芬在他的《文化传递与文化形象》一书中提到，"移民他乡的游子们至少会较为典型地体验到在新的文化环境中的某种程度的边缘化，但更为通常的是，他们将会变得越来越疏离那不断变化的本土文化"。正如城市共同体理论所说，当前移民社会认同有着广阔的自由选择空间，"同化"已不是移民社会认同转换的唯一可能，他们对原住地社会的回归以及在参与迁入地社会的积极性，都显现其作为"移民族群"的可能性和独特性（转引自马清，2007）。朱力的研究结论则更为直接，他在研究中指出，经典的熔炉论、同化模式等移民理论，将移民的适应理解为：作为弱势文化群体的移民在强势文化的影响下，单向地放弃从前文化、生活模式转而完全接受新环境下的文化及生活模式。这些理论对国外移民的适应状况的解释失去了效力。他进一步指出，国外移民表现出了明显的反同化的倾向，解释他们的行为需要一种完全不同的理论（朱力，2010）。

那么，这种新的理论解释是什么？研究者们论证的焦点指向了"反移民化"问题，这在相关研究中已有所暗示。在托马斯和兹纳涅茨基的移民研究经典著作《身处欧美的波兰农民》中指出，美国的波兰移民与仍处波兰的家庭成员互动时，表现出不认同原有价值和文化体系而试图重建新的价值体系的行为；而与美国的波兰人互动时，表现出强烈的尝试回归原有文化体系的行为。这种两难的行为模式造就了一种特殊的新型产品，即美国波兰移民社区在结构和主流心态方面既不是波兰式的也不是美国式的，而是分为三部分：波兰的传统、移民生活的新环境以及移民们观察与解释后的美国社会价值观。有研究者认为，文化适应上存在着的"同化论"和"多元文化论"两种模型并不是对立的，正如罗伯托·苏罗（Robert Suro）所说，对于大多数成长在拉丁美洲的新迁移民来说，他们会感觉自己相当适应美国的文化，同时也感到无须放弃他们的"拉丁情结"（Suro，1998；麦格，2007），也就是说，新近移民可以不必在两种文化之间做选择，他们可以更加自由而成功地穿梭于其间（转引自雷开春，2008）。对此，K. C. 金（K. C. Kim，1984）等在对美国"韩裔社群"的研究中，就提出了"和而不同"型移民适应类型，即"非零合型适应"。该研究认为，韩裔美国人在文化上适应了美国的文化，但在社会方面并不能说已经同化于美国社会结构的核心。这种在适应美国社会的同时绝不放弃自己文化内核的适应形态被他们称为"执着性适应"。一定意义上讲，非零合型同化作为一种不以同化为前提的适应模式，是移民社会适应过程中显现的新特征，由此产生的与迁入地社会、文化体系异质共存的适应模式共同构成移民反移民化倾向。日本社会学家广田康生运用美国"新移民"的"非零合型"适应模式来研究日裔南美人的适应生活，通过对于移民特有的拒绝同化的生活方式、移民及其互动者之间形成的移民族群网络以及他们对于日本社会制度性环境适应过程的讨论，提出以"异质共存"为背景理解城市共同体。

国内学者江立华（2003）在对农民工的城市适应研究中指出，农民工在进城过程中采取了在城市中重建原有生活环境和文化的适应模式。如北京的"浙江村""安徽村""新疆村"等。聚居区内的"居民"多是同乡，业缘、亲缘和地缘关系是其社会结构的基本特征，农村原有的行为方式和价值观念对他们有着持续性的影响。另有研究发现，外来民工通过选择独立的内部网络认同，使其在文化融入上变得简易可行且成本较低。并且有效地缓解了外来民工因文化差异而与流入地之间产生的心理隔阂，在行为上也不会出现过多与流入地文化的实质性冲突（甘巧林、许敏琳，2010）。马西恒（2001）在城市新移民社会融合的研究中发现，新移民与城市社区的"二元关系"正在从相互隔离、排斥和对立转向一种理性、兼容、合作的"新二元关系"，他进一步提出了由"二元社区""敦睦他者"和"同质认同"构成的新移民与城市社会融合三个阶段的构想。刘玉照（2005）在《移民化及其反动——上海农民工与大陆台商反移民化倾向的比较分析》一文中首次提到"反移民化"这个概念。他从"移民化"的视角出发，对农民工与大陆台商两个移民群体进行比较，研究指出，如果把"移民化"理解为本地社会与移民群体之间的同化与融合，现实中观察到的不是"移民化"的程度越来越强，而是越来越弱，表现出"反移民化"的倾向。他在文中所谈的"反移民化"倾向包含了两重含义：一是指"移民化"的结果，即经过了一段时间的"移民化"过程，新移民变得越来越不像当地人，与当地人的关系越来越疏远。二是指"移民化"的过程，即在"移民化"的过程中呈现的不是一种同化与融合的趋势，而是一种分化与隔离的倾向。

虽然国内外移民研究中关于"反移民化"的论述尚不多见、系统性也不强，但却提出了一种不同于传统移民文化适应研究的新的移民适应模式，即"反移民化"。这些"反移民化"的研究片断中所渗透的问题意识，对于本书白领移民研究同样具有重要的参考和借鉴意义。上海白领移民群体所表征的究竟是何种移民化现象？所呈现的结果与已有研究相同或相似，还是有着独特的发展路径？这些问题都是我们所要加以关注的。

本研究在白领移民文化适应的问题上，可以明显地判断出上海白领移民有着文化适应滞后的"反移民化"倾向。这一结果与前人的研究结果基本一致，例如，K. C. 金（1984）、刘玉照（2005）、雷开春（2009）均发现了这一问题。这一发现也并不是不可理解的，按照亨廷顿所说，"留在美国的人并不一定要成为美国人，而有可能想要有双重国籍，这些人既要享受美国这里能得到的机会、财富和自由，又保留自己原籍的文化、语言、家庭联系、传统和社会关系网络，两者兼得"（亨廷顿，2005：160）。如果按照美国文化社会学家罗宾逊的观点："全球化正在使所有的社会文化形态相对化，并使它们平等化。"所以，某种意义上讲，不同文化价值观之间的差异或冲突，并非一定要以"零和游戏"的方式去解决。和而不同是在上海白领移民与本地人及内部群体文化互动、共生的主要特征。为什么会出现这种现象？

首先，如果从上海白领移民自身来说，白领移民进入上海后，由于其个人定位和所处环境的不同，会选择相应的居住模式和社会交往模式，这些都是影响语言选择及生活方式的关键因素。当前上海庞大的外来移民进入，使上海市政府不断地制定和完善相关移民的优惠政策，也使外来白领移民不必过多与本地人交往，不必非要接受本地文化，就可以获得较好的生活状况，从而可能很好地保持自己原有的文化传统。刘玉照（2005）认为，对于后期进入上海的移民来讲，早期移民创造的生存和发展空间，使他们不必在当地人的夹缝中谋求生存，他们努力争取尽快融入当地社会的动力大大下降，他们不会去学当地的方言，甚至在生活方式和价值观念方面，也更愿固守自己传统的东西，社会交往方面也表现出日趋封闭的倾向。并且，随着"E 时代"的来临，发达的通信手段以及高科技设备早已充斥了上海白领移民的日常生活，该群体成员社会交往变得简单、快捷、高效的同时，也变得简单、淡漠，传统的面对面交往方式在白领移民群体生活当中正逐渐发生变异，白领移民完全可以借助现代化的交流工具与其他成员保持联系，这也就一定程度上抵制了迅速的文化同化，为维持原有文化提供了可能。

其次，范登伯格（Vanden Berghe，1981）曾提出，规模较小的群体更容易同化，因为它们拥有的资源更少而不得不依赖规模较大的社会，不得不更频繁地接触群体外的成员（麦格，2007，102）。伴随着现代化、城市化进程的深入，由于上海城市经济的快速发展，对于各类劳动力的吸纳力日益增强，具有一定同质性的白领移民群体的数量也随之不断增加、规模不断庞大，他们所拥有的社会网络不断拓展、社会资本不断加强，在此种情况下，用早期迁移人口的移民化社会适应模式来解释当前的社会现象已出现偏差。对此，研究者指出，"包括职业结构、居住空间、语言习惯、社会交往等在内的劳动力新移民社会适应模式，是一种与移民化适应模式不相同的适应模式，劳动力新移民在适应过程中表现出的不是与迁入地社会接触、融入的加深，进而在生活方式、价值观念上越来越像当地人的同化过程，而是保持着自己的生活方式、价值观念的'非同化'的、'和而不同'的、'异质共存'的适应模式"（马清，2007）。

再次，我们认为，白领移民对上海文化的抗拒，某种程度体现出他们对上海大都市文化的不适应。学者认为，"文化习得"与"去文化"是连续循环的，因此每个适应性的改变都不可避免地产生心理上的压力。从根本上说，这种冲突是新、旧文化之间"推"与"拉"的张力（金荣渊，2011）。从这个意义上讲，白领移民进入上海后，虽然他们可能会对文化差异有心理准备，但实际生活中的状况仍会让他们按照相应的境遇做出选择，对城市文化的不适应可能导致他们直接将"城市性人格"与本地文化等同起来，因此他们会倾向于拒绝本地文化（雷开春，2008）。而且，白领移民即使不用学习上海话、不用通过上海风俗去待人处事，不必接受本地文化也可以获得基本的甚至称心的生活待遇以维持生存。再加上上海文化本身较强的包容性和多元性，白领移民可以保持自己原有的文化传统和价值观念，而不必刻意去适应和接受上海的语言和风俗。

最后，上海白领移民不仅可以保留有原居地的价值观和文化，而且，在文化多元的上海生活，白领移民自身会对城市文化的熏陶和影响有所认知，然后他们可以通过自己的理解方式对所接触的城市文化赋予意义。个人可以超脱以往社会身份的固有形式，通过发挥自身想象力与生活实践的结合，使用不同来源的文化材料建立自己的身份，这种"自我建构"的文化认同，可以为白领移民在错综复杂的城市生活中找到心理支撑。另外，雷开春（2009）指出，"社会认同最为重要的是对个人存在价值和意义的说明，放弃原有文化认同在某种程度上，就等于对自我的一种否定，这将直接威胁到个体的自尊感和存在的价值感……文化认同和本地人身份的转换都会使城市移民面临着否定原有社会认同的威胁，认同迁入地文化也会受到来自原文化群体的压力，原有群体成员会以'忘本'来否定移民文化认同转换行为"。这种情况之下所发生的现象及结果，学者给出了很好的解读。朱力（2010）就认为，当移民保持原有文化，不愿意与其他群体交流，就形成了区隔与分离。而这种区隔和分离的产生是由于没有与当地群体交流、交往的需要，分离则是一种主动的、高姿态的拉开与迁入地居民群体生活的社会距离，是在区隔的基础上形成的一种适应形式。

总之，城市是空间生产最集中体现的场所。城市化是不断建构生产空间的过程。城市环境的最终产物，表现为它培养成的各种新型人格（帕克，1987）。诚如斯言，不论是出于何种目的的移民，他们在迁入地同样面临着如何进入和适应新环境的问题。对于上海白领移民而言，这一群体是一个矛盾的结合体，上海白领移民进入城市之后必然面临城市化和市民化的影响，因此，他们的存在状态有着不同于一般群体的生活镜像。对于该群体心理及行为的探究也必须综合考虑多方面的因素，而这些都是后续研究中需要引起关注的重要问题。

三、弥散抑或聚合——白领移民集体行动有无之辩

我们每个人都处在一个"流动的社会"之中，每个人不断地对自身所处的生活境遇进行甄别、确认与思考。这是现代人的基本焦虑，也是移民不可回避的问题。心理学的观点认为，适当程度的焦虑往往能够促使人鼓起力量，去应付即将发生的危机。但过度的焦虑会妨碍正常生活，甚至产生破坏性后果。从某种意义上讲，焦虑是社会发展的结果，也是社会现象的具象反映，因此，通过社会焦虑的考察，我们或能发现隐藏于焦虑背后的社会发展的逻辑和隐患，进而做出前瞻性的预判。

诚如斯言，本书所关注的问题关键正在于此。吴忠民（2011）认为，"在中国现阶段，出现了一种比较普遍的社会焦虑现象"。同时他还指出，中国现阶段

社会焦虑现象几乎弥漫在整个社会：既存在于几乎所有社会群体当中，如公务员群体、企业家群体、白领群体、工人群体和农民群体；也存在于各个地区当中，如东部和西部地区以及城市和农村地区。可见，在现代社会中，全民焦虑正成为现实，焦虑正逐步蚕食个体社会认同的根基，一旦群体内聚力得以形成的基础丧失，其所产生的破坏性是无法想象的。在这样的背景之下，本研究中的上海白领移民也在所难免。

在梅（2010）看来，焦虑是人对外部情境的认知和解释，焦虑可源于外部威胁压力，也可脱离外部情境而存在，由想象中的威胁压力而引发，压力是通往焦虑的必经之路。对上海白领移民来说，在通常情况下，他们会面临多种压力的困扰，如紧张激烈的竞争、多样的情感变化、公共安全威胁和社会快速变迁的焦虑等。同时，社会中还有许多新的生活事件在侵蚀着白领移民群体，如各种由于诚信缺乏带来的欺骗事件、房价引起的购房恐慌、环境污染、新的生活方式（如昼夜颠倒）等都让人觉得周围充满了危机和不可信任。而且，很多生活事件大多是白领移民无法掌控的，这就更使该群体很难体验到安全感。此种状况所引发的事实是，大批白领移民为家庭基本生活计，为自己前程计，往往表现出一种焦虑不安、浮躁不定的情形，致使焦虑现象成为白领移民一个比较明显的群体标识。

本次研究数据显示，从主观感受及评价而言，上海白领移民的社会交往压力（本书主要指对上海权威机构和人员的信任感）是所有压力中最高的；文化适应和心理适应处于中等水平、心理适应相比较低；特别是白领移民社会信心总体低于平均水平，这更应引起我们的高度重视。上海白领移民这种心理状态，在一定程度上表明，白领移民满怀希望来到城市，在城市中即使找到了安身立命之所，但他们并没有完全适应和融入城市社会，还处于一种"落地未生根"精神漂泊的尴尬状态。他们可以成为城市人，但很难成为真正意义上的具有"城市性"的人。正如前文所言，虽然他们为了被城市"主流社会"所接纳，已经万分努力，但还有许多外在的社会结构性因素是他们很难跨越的，而这却成为白领移民群体焦虑的最主要根源，白领移民群体极可能成为焦虑的人群。

特别指出的是，本研究数据显示的结果需要我们给予重点关注。数据显示上海白领移民生活压力中压力最大的是社会交往性压力，也就是说该群体对上海权威机构及权威人士的信任感很低；更重要的是，数据所显示的直观结果表明，白领移民的即期相对幸福感以及对于个人未来发展的信心都高于中等线，导致上海白领移民社会信心整体低于平均水平的主要原因在于该群体预期环境发展信心严重缺失，主要指白领移民比较关注城市的食品安全、生态环境、财富与收入分配，但对其未来发展的信心极为不足。一定程度上可看出，决定白领移民社会信心偏低的主因并不是个人因素，而是社会因素。而且，从前文所分析的变量间的关系可看出，白领移民的社会交往性压力和预期环境发展信心在各变量间的关系中有着非常显著的影响。由此可见，白领移民具有强烈的社会倾向性。

吴忠民（2011）认为，社会焦虑现象的消极影响有三个方面：一是社会焦虑现象会直接催生社会成员不同程度的非理性行为，二是社会焦虑现象会不同程度地降低人们对生活的满意度和幸福指数，三是社会焦虑现象会加重人们对于社会矛盾问题的不满情绪。华红琴、翁定军（2013）探讨了人们的生活境遇在焦虑形成中的作用表明，社会地位低的群体和生活境遇中遭受过不公正对待的人，更易产生焦虑，而且这些焦虑对于个体的影响是偏向消极的，在社会因素的持续作用下，焦虑的人数增多，焦虑有可能从个体的心理问题转化为社会的心理问题。同时指出，社会焦虑客观上对社会构成了一种压力，促使社会各方重视和寻找焦虑的原因，并通过变革消除。在这一意义上，社会焦虑成为社会变革的推动力量。如果焦虑不断蔓延，那么，社会焦虑就可能向社会恐慌演化，成为社会不稳定的因素。

研究者们早已认识到这一点，亨特（Hunt，1999）指出，社会变迁会带来一系列的问题，社会焦虑作为对社会变迁的一种反应，其中不乏不安和破坏。他还认为，人们在意识到自己焦虑的原因、焦虑的来源之后，就可能形成共识，并倾向于用共识来解释自己的焦虑。这又反过来强化了共识，从而放大了焦虑。在放大机制的作用下，社会上具有焦虑特点的人就会增多，这意味着焦虑可能成为社会的集体精神状态，持久的状况产生持久的影响，最终导致心理的变异。这种情况下，个体焦虑成为一种共同的焦虑或社会焦虑，就可能导致一些能明显辨识的行动。弗罗姆（2000）的观点似乎为此做出佐证，他认为资本主义自由使人变成孤立的个体，人失去了安全感，感到焦虑和恐惧，形成不健康的性格倾向，而这成为法西斯崛起的心理根源。有学者曾言，社会心态的形成过程会带来一定的汇聚效应，会使社会中持相同社会态度的成员在重要的社会事件发生时，形成一种超越个体社会态度或观点的整体力量，进而引发较为一致的集体行动（杨宜音，2006）。

基于上海白领移民实际表现的心理状态，结合上述论述，我们需要追问的突出问题是，如此状态下的白领移民是否能产生具有破坏性的集体行动？这个问题启发我们把研究推向深入。

要客观而有效地研究和分析上海白领移民群体的社会功能和集体行动的空

间，不仅要对他们在社会分层结构中的变化和功能有较清晰的认识，而且还有必要对他们所处的时代特征、他们多变的内心世界以及他们与体制之间的结构性关联有所判断。

马克思在其著作《哲学的贫困》中认为，一个以社会群体的形式存在的"自在阶级"，只有通过一个历史的、认知的和实践的觉悟化过程，才能产生阶级意识，才有可能通过一致的集体行动争取共同的阶级利益。按照这一逻辑，在《路易·波拿巴的雾月十八日》一文中，马克思认为，农民不是一个阶级，而是同质的但相互分离的"一麻袋土豆"，因为他们没有共同的阶级意识，也不会采取一致的政治行动（转引自李培林，2005）。

本研究数据显示，现阶段上海白领移民对自己是否属于中产的主观认同并不高，而且内部存在着较大差异。主观阶层认同是阶层意识的一个组成部分，反映的是"个人对其自身在阶层结构所处位置的感知"（Jackman et al.，1973：569）。所以，上海白领移民这种内部差异较大的主观阶层认同只是一种模糊的地位感知，并不能称为阶层意识。

另外，对于处于高速发展和快速变迁之中的上海来说，上海的社会结构还远未达到定型化的状态。生活在如此背景中的上海白领移民群体也在不断变化。但他们作为一个群体还远未和上海这个城市完全的共融，他们中的很多人还不适应上海的生活方式。他们中部分人对上海的某些方面感到担忧和不满，实际上也说明了上海白领移民的共同意识还没有完全形成。因此，他们如今不可能完成马克思所言的"觉悟化过程"，也只是层次高级的"一麻袋土豆"。

李友梅认为，当代上海的白领群体快速生长于一个工业社会、信息社会甚至农业社会并存的多种逻辑的国际大都市，不管是在同一部分白领群体的行为中，还是这个群体的不同部分人的行为中，不同发展阶段的时代印记都时有反映。这导致上海白领群体在观念和行为方式的不一致，进而使他们的身份认同以及作为整体的对社会的责任感难以形成，他们在常态下的集体行动能力总是处于低水平。

所以到目前为止，具有白领属性的上海白领移民群体仍处于一种网格化的分割状态，稳定的成员结构及一致的身份认同难以形成。这也直接导致了他们在城市社会、经济及政治活动中始终以异质性的独立个体形式在城市主流与边缘之间徘徊。学者认为，随着"个人主义化"以及当代大量新社会问题和新社会运动的出现，以传统阶级结构为基础的群体认同和阶层意识已经消失，代替它的是以个人主义为基础的社会态度和意识形态的"碎片化"，以及人们对于新社会运动的关注（Touraine，1981；Eyennan，1992；Haferkamp & Smelser，1992；Clark & Lipset，1996；转引自刘精明、李路路，2005）。

对上海白领移民而言，该群体依托上海的地域文化以及生活环境，在上海社会发展中表现其特有的社会特征和文化性格，主要表现为他们的生活态度和价值观取向上。对于白领移民来说，他们平时考虑的不是意识形态和其他方面的问题，而是如何能获得更多的机会和利益，这种追求代表了一种务实主义的取向。但在对物质利益不断追求的同时，一部分白领心中充满了对社会责任感的追求。他们真诚地希望国家富强和长治久安健康地发展，给他们所拥有的美好生活创造一个好环境。他们对于社会和国家抱有高期望，有强烈的责任感和使命感，一旦他们觉察到或预感到社会生活环境面临挑战或威胁，就会给予关注，一些人甚至会自发地做出强烈的反应，这就在一定程度上解释了白领移民对社会性因素高度关注的原因。

但这样的分析似乎并不能完全揭示上海白领移民产生破坏性的集体行动的可能性，仍需我们进一步加以探讨。

在众多研究者那里，白领群体往往被看成是"新中产阶级""新中间阶层"，白领研究的开创者米尔斯（2006）认为，中产阶级没有独立的意识形态与政治意义，在政治态度上是摇摆不定的。后续的研究表明，进入工业化后，虽然中产阶级不断壮大，但这一阶层在左右两个极端之间摇摆，却不会走向任何一方，这就为工业化社会带来了长期稳定的发展（Vidch，1995；方金友，2007；米尔斯，2006）。对于东亚社会的研究表明，正在成长中的中产阶级，具有变革与保守的双重性，既是民主政治改革的推动者，也是权威政治的维护力量（杨鲁慧，2006）。关于韩国的中产阶级的研究对此做出证实，张振华（2007）研究指出，在韩国民主化过程中，表现出一种明显的左右摇摆的特点。在民主化转型阶段，韩国的中产阶级是推动民主化的进步力量；在民主化巩固阶段，却支持政府重新恢复对独立劳工运动的压制。

中国新兴的中产阶级也表现出了复杂多变的意识倾向。周晓虹（2002）在研究中指出，"新中产阶级"是改革开放的直接受益者，天然具有对社会稳定的追求、对社会动荡的恐惧。所以，中国的中产阶级既反对社会动荡，又希望在稳定的社会秩序下实现社会的不断进步。李春玲（2011）研究发现，中国中产阶级内部存在着多种价值取向，既有保守主义的成分也有自由主义的成分。孙秀林、雷开春（2012）通过本研究数据对于上海市白领移民的研究结果显示，政治态度对于政治行为具有显著的影响效果，尤其是"权威主义"与"自由主义"两个维度的影响尤为突出。但问题是,"权威主义"会促进政治参与,而"自由主义"则会降低政治参与的可能性。另外,已有对于上海市白领的分析发现,这一群体经常会有"强政治取向"和"弱政治参与"同时表现的行为。一方面,这个受益于改革开放的群体对"稳定的社会环境""良好的国家发展前景"多有期待;另外,他们对主流政治宣传话语的集体淡漠,对政治身份"无所谓"的态度,又显示出一种"弱政治参与"倾向(李友梅,2005)。对此,胡联合、胡鞍钢(2008)做了总结,对于不同社会背景下的中产阶层来说,既可能是有效地缓解社会矛盾与冲突的社会"稳定器",也可能是影响现行社会制度稳定的社会"颠覆器",变成现行社会政治制度的"掘墓人"。

从已有研究我们不难看出,虽然研究者们对于新中产阶层的社会功能并不能达成一致性的共识,但新中产阶层摇摆的、矛盾的意识及行为状态已昭然若揭。本研究中的白领移民也属于这一研究领域,理应具有上述特点。

处于快速转型时期的上海白领移民群体,他们的理性选择既受到一些宏观结构因素,如制度环境、社会资源分配机制、嵌入性的文化适应等方面的影响,又受到一些来自微观层面的因变量,如社会心态、社会情绪的影响等。该群体对自己生活状况的评价以及利益诉求的表达情况,是直接关系到社会能量会不会积聚,是否会发生大规模群体性事件的重要因素,更是关系到社会稳定不容忽视的因素。基于此,进一步探讨该群体参与集体性的可能性。

从本研究所得数据结果来看,白领移民虽然整体生活压力较大,但在个人发展压力方面却是最低的;社会信心较低,但对于当前的生活状况并没有达到无法忍受的限界值。因此,从现有情况看,白领移民的群体意识还未达到集体行动爆发的临界点。再者,白领移民普遍受过高等教育,有着民主倾向的同时又很理性,大多会选择具有合法性的利益诉求方式和渠道表达。因此,从这一意义上讲,上海白领移民虽然具有强烈的社会意识,但并没有产生集体行动的可能。或者说该群体呈现出强社会意识、弱社会行为的倾向。

但是,我们并不能因此忽视可能产生的负面影响。仅从本书白领移民社会信心而言,仍需要对社会信心状况加以深入分析,使社会信心效应良性发展。所谓"信心效应"是指信心可以产生积极的自我暗示,激发行动者的主动性和创造性,从而积极投入到行动实践中去。移民研究表明信心效应在移民身上产生了显著作用,移民对未来的发展越有信心,"边际人"心态越弱;反之亦然。另有研究也表明,对未来生活预期是影响移民社区归属感最重要的因素,移民对安置区的归属感会随着对未来生活预期的好坏高低而增强或降低(汪燕等,

2001)。

所以，对白领移民来讲，对未来发展的信心可以推动他们积极适应新的环境，克服新旧文化等方面差异带来的冲突影响，从而淡化外来者心态。反之，如果对未来发展缺乏信心，持一种悲观态度，会使移民产生抵触情绪，消极对待文化差异带来的冲突，甚至夸大冲突带来的影响，甚至产生非理性行为。

总之，社会的发展成熟并不是一蹴而就的，社会发展过程中非理性情绪的存在是我们无法规避的现实。非理性情绪在不同的社会发展阶段有不同的体现，而非理性情绪有时对社会的发展会产生负面的影响。尤其是当社会处于关键的变革时期，各种非理性情绪更会待机而发，稍有不慎就会引致破坏性作用。在这种情况下，用"疏"忌"堵"已是社会管理者普遍的共识。对于本研究的核心主题社会信心研究来说，是一种疏解社会负面情绪的重要途径。

对于白领移民群体而言，一方面，白领移民生活压力不断增长；另一方面，有效缓解压力的方法单薄，造成了心理压力净增长的局面。我们认为，其根本原因在于社会结构及其无法预知的发展变化。安全感、归属感、信任感、幸福感等情感需求，实质上都与激烈的竞争相联系，而竞争又归于社会结构变化的需要。上海正处于这样一种经历结构变迁和转型的时代，所以白领移民所面临的竞争也是最激烈的，甚至是残酷的。如果现有政治秩序可以与中产阶层产生良性互动，就可以削弱来自底层的压力，对阶层冲突起到缓冲作用；反之，如果政治秩序僵硬，没有为中产阶层的期望留下容纳空间，则很容易将中产阶层推到政治秩序的对立面（张伟，2004）。

从上述的讨论可知，本书关注的白领移民社会信心问题不能简单地转化为个人的问题，而是与一定的社会因素相关联的，个人的遭遇需要置于社会结构之中进行理解，需要置于社会转型这一宏大的历史进程之中理解，而社会学的研究可以提供精神病学和心理学之外的"想象力"（米尔斯，2005）。因此，面对上海白领移民当前普遍不容乐观的心理状态和人格倾向，应重视社会结构性因素的调适，尽量消除焦虑的消极影响。白领移民的生活压力、社会适应和移民焦虑都生成于社会结构与个人的互动过程，因此，白领移民心理健康问题的解决也必须置于个人与社会的结构框架之中寻求突破，根本而言需要体制和政策层面的社会回应。社会应该建立相关的机制来缓解白领移民压力，开发能有效释放白领移民消极情绪的"社会安全阀"，从而引导白领移民群体健康发展。

第三节 研究贡献与不足

一、研究贡献

第一，结合社会学和社会心理学领域关于社会认同的理论观点，将拓展人们对移民社会认同问题的理解。总体来看，国内移民研究存在一个共同的倾向，就是将白领移民视为特殊案例并排斥在研究范围之外。如果说蓝领移民研究给迁入地社会带来的是移民政策改革的压力，那么，白领移民研究带来的将是移民政策改革的动力。对于迁入地社会来讲，吸引人才、留住人才一直是不同国家和地区政府制定移民政策的重要出发点。上海这座移民城市也不例外，这就需要对白领移民进行更详细的研究。

基于此，本研究不仅通过社会心理学视角完成了社会信心的概念界定，而且初步建构了测量社会信心的基本维度，尝试制定测量指标，完成社会信心的问卷设计和检验，为系统研究白领移民群体社会信心提供有效的研究工具。本研究将生活压力、社会适应与社会信心联系起来研究，分析了白领移民社会信心构成水平和相关关系，对社会适应在白领移民压力构成与社会信心之间的中介作用进行了探讨。并深层探讨了白领移民群体生活压力、社会适应及社会信心三者之间的内在关系，这将对更新和拓展国内移民理论和经验研究无疑具有正面意义。

第二，关于移民为何会迁移，以及迁移为何会持续，学者们已经进行了相当丰富的理论探讨，并从客观社会融合的角度探讨了移民在迁入地社会的客观生活状况。但多数研究大多停留于理解分析，更多采用质性描述模式，较少采用定量分析模式，缺乏实证研究的有力支持。已有研究中关于白领移民群体的理论研究和实践研究均较少，可以说，关于白领移民问题的研究在国内还是一个全新的领域，无论是研究理论还是研究方法，都有待进行更深入的探讨。本研究首次从社会学视角对社会信心概念进行明确界定的基础上，围绕社会信心基本的操作维度展开讨论，系统揭示我国当前阶层分化背景下白领群体社会信心的基本图景。

另外，本研究尝试与当前相关研究的一些理论预设形成对话和讨论，进而引发对白领移民群体未来发展的再思考。但对于所探讨的白领群体社会信心而言，在学术界还是一个相对薄弱的领域，这就需要分析该问题时在一定程度上借鉴相近的其他研究所运用的理论及方法，以此形成社会信心特有的研究框架。目前的研究现状是评述性的研究较多，量化研究较少，白领移民群体社会信心的实证研究还很少，缺少合适而有效的测量工具。本研究通过对白领移民社会信心的问题分析，指出白领移民需要在即期相对幸福感、预期个人发展信心和预期社会发展信心度三个方面进行建构和确认，补充了对移民研究的理论形态，并丰富了国内移民社会心理学领域的研究视角。而且，运用各种测量方法来定量描述城市白领移民的社会信心，对城市白领移民社会信心现状、因素影响及关系结构的定量分析结果，可直接补充关于国内移民的定量研究成果，从而为国内移民研究提供了定量描述依据。

二、研究不足

虽然本研究努力遵循规范的科学研究范式，依据定量研究和定性研究相结合的方法编制了白领移民社会信心构成问卷，分析了白领移民社会信心的现状，并进一步探讨了白领移民生活压力构成与社会适应和社会信心的关系。但由于多方面因素的限制，本研究有诸多缺点和不足在所难免，尚需在后续的研究中加以克服和完善。

第一，社会信心概念和维度需完善。虽然对社会信心的定义、结构、量表验证又再次推进了一步，但是也如同本书多次强调的一样，由于对社会信心的讨论尚处于初级阶段，因此关于其概念的构思，概念的内涵和外延等理论研究是远远不够的，尚需后续的研究在其核心概念、前因后果等方面进一步做更细致、具体的探讨。另外，虽然本研究在借鉴之前学者研究结论的基础上，对社会信心的测量有所完善，并验证它具有不错的信度与效度。但本研究对社会信心做验证性因子分析时发现，与生活压力和社会适应这两个具有相对成熟测量指标的研究变量比较，不论模型拟合还是题项方面都可进一步完善，因此，对于社会信心的测量还需深入探讨，本书尝试性研究可为后续研究提供借鉴。

第二，纵向研究缺失。众所周知，从时间维度来看，科学研究可以分为纵向研究与横向研究两种类型。横向研究与纵向研究相互结合与互相补充能更大程度提高科学研究的准确性。前者指在某一个时间对研究对象进行横断面的研究，得到的是研究对象的不同类型在某一时间点所构成的全貌，其优点是调查面广、多半采用统计调查的方式、资料的格式比较统一且源于同一时间，因而可对各种类型的研究对象进行描述和比较，但资料的深度和广度较差。纵向研究则是在不同时间或较长的时期内观察和研究社会现象，能够了解现象的发展过程，能比较不同时期的变化，并且也容易作出逻辑上的因果分析。本研究采用的是前一种横向研究的研究类型，根据某一时间点的调查数据得到新近白领移民的现状、影响因素及关系结构，在逻辑推论上存在不足。没有在一个相对较长的时间内进行纵向的追踪研究，以得到一个动态的结果。没有纵向研究方法所得到的研究结论准确，因此仍需对所得的关系结果做深入的考证。因此，通过纵向移民研究来补充和验证本书的横向研究结论，不但能更清楚地看到城市白领移民不同社会信心的发展变化过程，或许还会有意想不到的发现。

第三，问卷设计不足。由于社会信心理论及实证方面的既有研究成果较为薄弱，所以本研究真正可供借鉴的资料并不多，这必然为理论推导及深入论证带来难度。而且，从研究对象上来说，当前我国关于移民的研究主要关注社会底层群体，而更高层次的白领移民一直以来被学者们忽视了，这种一边倒的研究取向使得以白领移民为研究对象的问卷设计困难重重。特别是在前期问卷的内容设计方面不够完整和规范，还存在某些漏洞。通过问卷调查方法进行研究，研究过程和手段不如心理学实验方法那样严格规范，所以被访者的观点有时可能被片面理解，也有可能遗失关键信息，再加上访谈对象有限，所以研究结果的准确性有待提高。

因为本研究的研究对象具有特殊性，所以尽管本研究为最大限度地获取有效信息，在调查中采用了多种手段，如采用了事件回忆的方法，但仍然无法完全避免数据收集过程中的不利影响。所以，本研究所编制的社会信心构成问卷，不论是直接使用还是间接参考，确定无疑的是应在后续研究中不断完善和修订。也提示我们在今后的研究中，应加大访谈的力度以获得更可靠的结论。在本次研究中，如何更好地对数据资料进行进一步挖掘是有待反思和加强的，如何针对实际情况构建一套更加精准科学的量化指标体系也是值得引起我们思考的，这在社会科学的研究方法上都对我们提出了更高的要求。

第四，样本的代表性需进一步商榷。现阶段的中国，各类流动人口和移民在各个城市较为分散，上海的情况更为突出。因此，建立白领移民完整的信息库几乎是不可能的，那么我们就不能获得有关上海白领移民的完整抽样框。虽然我们采用了受访者推动抽样（RDS）方法，尽力提高样本的代表性，在抽样和调查中也进行了质量控制，但是 RDS 抽样的前提预设是目标群体的成员都可通过直接或间接的网络关系联结起来。并且这种方法与完全随机抽样尚有距离，所以所得结论的严谨性和普适性有待考证。事实上，在多轮推动下，被访者还是会出现一些特质集中的情况，使调查样本代表性降低。最突出的是，所涉及的研究对象基本为上海白领移民中的中层或中下层白领，而在社会阶层较高的白领移民，其社会信心中是否会存在某些不同的特点，生活压力对其社会信心的作用机制是否有所差异，这都是需在今后研究中考虑的。并且，我们的研究样本仅仅只是一个地区性样本，而白领移民不但为上海所有，上海只是众多白领移民城市的代表，各城市因经济、地域、文化、制度等各方面的不同而导致白领移民的特征也会具有不同特征。所得结果是否也符合其他城市的发展境况，所得结论是否也能在其他城市广泛应用，本研究对此并不能给出明确答案。如果全面掌握白领移民的特征及影响因素，必须基于全国范围上的样本资料进行研究。

三、研究展望

首先，社会信心缺乏的后果问题。本研究着重探讨的是上海白领移民当前社会信心的基本状况、影响因素及内在关系机制，并没有涉及移民社会信心缺乏的直接后果及其表现。例如，移民缺乏社会信心会有哪些表现？哪些指标可以作为移民缺乏社会信心的测量指标？移民的社会信心缺乏的不同程度会带来如何的不同后果？移民的社会信心缺乏后果的应对策略是指向自身（影响心理健康或家庭和谐），还是会指向社会（出现反社会行为）？如果是指向后者，迁入地社会又应该采取哪些应对性策略？未来对这一系列问题的回答，或许能给城市未来政策的制定提供更多的直接参考。

其次，从第一代移民与第二代移民在社会心理上的对比研究来看，国际移民研究提示出第一代移民与第二代移民在社会心理上的差异，然而，对国内移民的关注焦点还是在第一代移民身上。尽管国内有人对新生代移民的社会心理问题进行了探讨，但更多考察的是年代特征。对于出生在迁入地的第二代移民来说，他们已经没有关于祖籍社会的直接社会记忆，但其户籍却依旧可能停留在祖籍地，这种人口和户籍分离的矛盾在第二代移民身上更为突出，这些第二代移民遇到的社会心理问题比第一代移民更明显。从现实的生活适应上来看，第二代移民面临的不是回不回去的问题，而是没有地方可回的问题。如果说第一代移民还有选择返回原住地的可能，他们可以自我决定社会归属，第二代移民却只能面临社会归属的不确定，从而成为真正的"边缘人"，在他们中间出现反社会行为的可能性也更大。所以，第一代移民与第二代移民在社会信心上的对比研究，是今后国内移民社会信心研究的可能方向之一。

最后，社会信心研究的样本推广。

其一，由于没有既定的白领移民相关总体数据，我们的样本在多大程度上能够代表上海外来白领移民的情况不得而知。上海现行的居住证与暂住证政策，使得相当多的外来移民并没及时到相关部门进行登记或办理相关手续，从相关政府部门也难以获得关于他们的信息。所以本研究采用的是受访者推动抽样方法，研究者根据样本对总体特征能做出的推论有限。

其二，本研究毕竟使用的是地区性样本，上海地区调查资料所得到的结论在多大程度上能够推论到中国的其他城市，并不清楚。上海作为中国经济发达的最大城市，为外来移民创造了政策、人文和生活环境与其他城市都有极大的差异，而这些本身就是影响外来移民社会信心的重要因素。如果未来采用全国性移民调查数据来检验本研究的理论假设和研究发现时，既可能看到国内移民的共同特点和倾向，也能看到地区性差异对城市新移民的影响作用。

其三，本研究提出的白领移民社会信心的微观分析框架是探索性的，很多方面需要进一步深入研究，其中包括社会信心的类别化和差异化，以及研究模型中如何加入国家层面的变量来分析制度、政策等对白领移民社会信心的影响程度等问题。同时，如何根据已有的结论和现有的资料来预测白领移民社会信心的后发效应未来也是一个很值得深入研究的问题。

附　　录

上海市白领调查问卷（节选）

1. 性别：

1）男　2）女

2. 请问您的出生年份：

_____年

3. 请问您的出生地：

1）上海　2）外地_____省/市

4. 请问您的出生地为：

1）城市　2）城镇　3）农村

5. 您在上海生活了_____年？

6. 您月平均工资_____元？

7. 您现在的户口类型：

1）本市户口　2）居住证　3）其他

8. 请问您是哪年取得上海户口的？

_____年

9. 请问您的教育程度：

1）大专/高职　2）大学本科　3）研究生及以上

10. 婚姻状况：

1）未婚　2）已婚　3）离婚　4）丧偶　5）同居

11. 您对自己的家庭生活是否满意？

1）非常满意　2）比较满意　3）一般　4）不太满意　5）非常不满意

12. 您对自己经济收入的总体满意程度为：

1）非常满意　2）比较满意　3）一般　4）不太满意　5）非常不满意

13. 请问您感觉工作中的下列方面有压力吗？

调查内容	没有任何压力	有一些压力	一般	压力比较大	压力非常大
[01] 收入待遇	1	2	3	4	5
[02] 工作的竞争性	1	2	3	4	5
[03] 工作时间	1	2	3	4	5
[04] 晋升空间	1	2	3	4	5
[05] 自身学历	1	2	3	4	5
[06] 自身技能	1	2	3	4	5
[07] 知识更新速度	1	2	3	4	5

14. 您认为您个人的经济收入在上海大体属于：

1）上层　2）中上层　3）中层　4）中下层　5）下层

15. 当前，您所处的管理级别为：

1）不从事管理工作　2）一般管理人员　3）中层管理人员　　4）高层管理人员

16. 刚入职时，您对所得到的工作的满意度怎样？

1）非常满意　2）比较满意　3）一般　4）不太满意　5）很不满意

6）不好说

17. 请问您对自己现在工作的整体满意度：

1）非常满意　2）比较满意　3）一般　4）不太满意　5）非常不满意

18. 与下列人员相比，您觉得自己的幸福程度是：

调查内容	非常幸福	较为幸福	差不多	不太幸福	很不幸福
[01] 与父母辈相比	5	4	3	2	1
[02] 与同龄人相比	5	4	3	2	1
[03] 与周围本地人相比	5	4	3	2	1
[04] 与周围外地人相比	5	4	3	2	1
[05] 与自己5年前相比	5	4	3	2	1
[06] 与外地人相比	5	4	3	2	1

19. 您认为自己属于中产吗？

1）完全符合　2）比较符合　3）一般　4）不太符合　5）很不符合

20. 您认为自己属于白领吗？

1）完全是　2）比较像　3）一般　4）不太像　5）完全不是

21. 根据您个人的经历和感觉，您对以下各方面的社会安全状况打几分？

调查内容	极不安全	不太安全	比较安全	非常安全	不好说
[01] 食品安全	1	2	3	4	9
[02] 人身/财产安全	1	2	3	4	9
[03] 医疗安全	1	2	3	4	9
[04] 个人隐私安全	1	2	3	4	9

22. 您对下面的人和组织的信任程度怎样？

调查内容	完全信任	比较信任	不太信任	根本不信任	无回答
[01] 中央政府	1	2	3	4	9
[02] 地方政府	1	2	3	4	9
[03] 政府工作人员	1	2	3	4	9
[04] 警察	1	2	3	4	9
[05] 医生	1	2	3	4	9
[06] 媒体	1	2	3	4	9
[07] 法官	1	2	3	4	9

23. 请问您对上海市以下各个方面在未来 3 年发展的信心如何？

调查内容	非常有信心	比较有信心	一般	比较没信心	非常没信心
[01] 人才服务	1	2	3	4	5
[02] 每个人的发展机会	1	2	3	4	5
[03] 生态环境	1	2	3	4	5
[04] 食品安全	1	2	3	4	5
[05] 财富与收入的分配	1	2	3	4	5
[06] 工作与就业机会	1	2	3	4	5

24. 您听得懂上海话吗？

1）全能听懂　2）听懂一些　3）完全听不懂

25. 您能讲上海话吗？

1）完全能讲　2）能讲一点　3）完全不能讲

26. 您是否熟悉上海特有的风俗习惯？

1）很熟悉　2）大部分熟悉　3）熟悉一些　4）几乎不熟悉

27. 在日常交往中，您会按照上海的风俗习惯办事吗？

1）完全遵守　2）遵守其中一些　3）从不遵守　4）不知道

参考文献

［1］ Allen B. & T. J. Schlereth, 1990, Sense of place: American regional culture. Lexington: University Press of Kentucky.

［2］ Anne M. , C. Mara & G. Gaia, 2003, "Sexual Harassment Under Social Identity Threat: The Computer Harassment Paradigm. " Journal of Personality and Social Psychology, 85 (5): 853 –870.

［3］ Aroian, K. J. , A. E. Norris, C. A. Patsdaughter & T. V. Tran, 1998, "Predicting Psychological Distress among Former Soviet Immigrants. " International Journal of Social Psychiatry, 44.

［4］ Berkman et al. , 2000, "From Social Integration to Health: Durkheim in the New Millennium" Social Science & Medicine, 51: 843 –857.

［5］ Berry J. W. , 1980, "Acculturation as varieties of adaptation" . In A. M. Padilla (Ed.), Acculturation: Theory, models and some new findings (pp. 9 –25) . Boulder, CO: Westview.

［6］ Bhugra D. , 2005, "Cultural identities and cultural congruency: a new model for evaluating mentaldistress in immigrants. " Acta Psychiatr Scand, 111: 84 –93.

［7］ Bhugra, D. , 2004, "Migration and Mental Health. " Acta Psychiatrica Scandinavica, 109.

［8］ Cohen, S. M. & G. Horenczyk (Eds.), 1999, National variations in Jewish identity. New York: State University of New York Press.

［9］ Dohrenwend , B. P, Dohrenwend, B. S, Dobson, M. , & Shrout, P. E. , 1984, Symptoms, hassles, social supports, and life events: Problems of Confounded Measurements. Journal of Abnormal Psychology, 93: 222 –230.

［10］ Ellemers, N. , Doosje, B. , & Spears, R. , 2004, Sources of respect: The effects of being liked by ingroups and outgroups. European Journal of Social Psychology, 34: 155 – 172.

［11］Fishman J. A. , 1987, "What is Happening to Spanish on the U. S. Mainland?" Ethnic Affairs, 1 (Fall): 12 – 23.

［12］Gastelaars, M. & A. de Ruijter, A. , 1998, A United Europe: The Quest for a Multifaceted Identity, Maastricht, the Netherlands: Shaker Publishing.

［13］Goldscheider C. , Brown M. R. , 1983, Urban migrants in developing nations: patterns and problems of adjustment. Boulder, CO: Westview Pr.

［14］Gottlieb B. H. , 1981, "Social Networks and Social Support in Community Mental Health. " in Social Networks and Social Support, edited by Benjamin H. Gottlieb Beverly Hills: Sage Publicaitons: 11 – 42.

［15］Harvey D. C. , R. Jones, N. McInroy & C. Milligan, editors 2002, Celtic geographies: oldculture, new times. London: Routledge.

［16］Heath S. B. , 1985, "Language Policies: Patterns of Retention and Maintenance. " In Walder Connor (ed.), Mexican – American in Comparative Perspective, 257 – 282, Washington, D. C. : Urban Institute Press.

［17］Ho E. , 2004, Mental health of Aisan immigrants in New Zealand: a review of key issues. Asian and Pacific Migration Journal, 13 (1): 39 – 60.

［18］Hollander, E. P. , 1976, Principles and Methods of Social Psychology, New York: Oxford. Kim, K. C, and Hurh, W. M. , 1984. "Adhesive Sociocultural Adaptation of Korean Immigrants in the U. S. : An Alternative Strategy of Minority Adaptation", LM. R. , Vol. 18.

［19］Kuo, W – H. & Y – M. Tsai, 1986, "Social Networking, Hardiness and Immigrant's Mental Health. " Journal of Health and Social Behavior, 2.

［20］Lazarus, A. A. & Neale, J. M. 1984, New measure of daily coping: Development and preliminary results. Journal of Personality and social Psychology, 46: 892 – 906.

［21］Lazarus, R. S. et al. , 1985, Stress and adaptational outcomes. American Psychology, 40: 770 – 779.

［22］Li, L. , H. Wang, X. Ye, M. Jiang, Q. Lou & T. Hesketh, 2007, "The Mental Health Status of Chinese Rural urban Migrant Workers: Comparison with Permanent Urban and Rural Dwellers. " Social Psychiatry and Psychiatric Epidemiology, 42.

[23] Lien P. , M. M. Conway, J. Wong, 2003, "The Contours and Sources of Ethnic Identity Choices Among Asian Americans. " Social Science Quarterly, 84 (2): 461 – 481.

[24] Lin, Nan & Walter Ensel, 1989, "Life Stress and Health: Stressors and Resources. " American Sociological Review, 54 (3) .

[25] Lin, Nan, Mary Woelfel & Stephen Light, 1985, "The Buffering Effect of Social Support Subsequent to an Important Life Event. " Journal of Health and Social Behavior, 26 (3) .

[26] Lukas E. L , 2005, Attitudes toward the Social Adaptation of Creatively Gifted Children in Russia and the United States. Russian Education and Society, 47 (11): 57 – 70.

[27] Lukash. E. L, 2005, Attitudes Toward the Social Adaption of Creatively Gifted Children in Russia and the United States. Education and Society, 47 (I1): 7 – 70.

[28] Nicassio, P. M. , G. S. Solomon, S. S. Guest & J. E. McCullough, 1986, "Emigration Stress and Language Proficiency as Correlates of Depression in a Sample of Southeast Asian Refugees. " International Journal of Social Psychiatry, 32.

[29] Oropeza, B. , M. Fitzgibbon & A. Baron, 1991, "Managing Mental Health Crisis of Foreign College Students. " Journal of Counseling and Development, 69.

[30] Papadopoulos, I. , S. Lees, M. Lay & A. Gebrehiwot, 2004, "Ethiopian Refugees in the UK: Migration, Adaptation and Settlement Experiences and Their Relevance to Health. " Ethnicity and Health, 9.

[31] Reicher, S. , 2001, "The Psychology of Crowd Dynamics. " In M. A. Hogg & R. S. Tindale (eds.) Blackwell Handbook of Social Psychology: Group Processes. Malden, M. : Blackwell Publishers Ltd.

[32] Sherraden, M. & Judith Martin, 1994, "Social Work with Immigrants: International Issues in Service Delivery. " International Social Work, 37.

[33] Simon A. J. , 1979, "Ethnicity as a cognitive model: Identity variations in a Greek immigrant community. " Ethnic Groups, 2: 133 – 153.

[34] Smith, E. J. , 2006, "The Strength – based Counseling Mode. 1" The Counseling Psychologist, 34.

［35］ Tajfel H. , 1970, "Experiments in Ingroup Discrimination. " Scientific American 5 (223): 96 – 102.

［36］ Thayer Scudder, Elizabeth Colson. 1982, Involuntary migration and resettlement: the pattern and responses of dislocated people. Westview Press: 269.

［37］ Thompson, S. , G. Harte, L. Manderson, N. Woelz – Stirling & M. Kelaher, 2002, "The Mental Health Status of Filipinas in Queensland. " Australian and New Zealand Journal of Psychiatry: 36.

［38］ Vaananen, A. , J. Vahtera, J. Pentti & M. kivimaki, 2005, "Sources of Social Support as Determinants of Psychiatric Morbidity after Severe Life Events: Prospective Cohort Study of Female Employees. " Journal of Psychosomatic Research, 58.

［39］ Ward C. , S. Bochner & A. Furnham, 2001, The Psychology of culture shock. Boston: Routledge Kegan Paul.

［40］ Wilder E. I. , 1996, "Socioeconomic attainmentand expressions of Jewish identification, 1970 and 1990. " Journal for the Scientific Study of Religion, 35: 109 – 127.

［41］ Wong, F. K. D. & G. Leung, 2008, "The Functions of Social Support in the Mental Health of Male and Female Migrant Workers in China. " Health & Social Work, 5 (4) .

［42］ Wong, F. K. D. , 1997, "A Study of the Psychosocial Stressors, Coping and Mental Health of Mainland Chinese Immigrants: Their First Two Years of Experiences in HongKong". Unpublished Ph. D. Dissertation, Melbourne: La Trobe University.

［43］ 埃利希·弗洛姆. 健全的社会. 北京: 中国文联出版公司, 1988.

［44］ 艾尔文·古德纳. 知识分子的未来和新阶级的兴起. 南京: 江苏人民出版社, 2002.

［45］ 爱德华·赛义德. 东方学·后记. 北京: 三联书店, 1999.

［46］ 爱米尔·杜尔凯姆. 自杀论. 钟旭辉等译. 浙江: 人民出版社, 1897.

［47］ 安东尼·吉登斯. 社会的构成. 李康等译. 北京: 三联书店, 1998.

［48］ 安东尼·吉登斯. 现代性与自我认同: 现代晚期的自我与社会. 赵旭东, 东方译. 北京: 三联书店, 1998.

［49］ 蔡颖. 心理弹性与压力困扰、适应的关系. 天津师范大学博士论文, 2010.

［50］查尔斯·泰勒．自我的根源：现代认同的形成．韩震等译．南京：译林出版社，2001.

［51］陈建文，王滔．社会适应与心理健康．西南师范大学学报，2004（5）．

［52］陈亚辉.80 后来沪务工青年社会适应模式研究．华东师范大学硕士学位论文，2011.

［53］陈映芳．农民工：制度安排与身份认同．社会学研究，2005（3）．

［54］陈映芳．移民上海——52 人的口述实录．上海：学林出版社，2003.

［55］陈云．城市消费者信心指数编制、调查与分析——以北京市为例．未来与发展，2008（9）．

［56］陈云．中国消费者对国家经济发展的信心调查与分析．人口与发展，2008（4）．

［57］陈中永，钟建军．心理适应过程与熵：一条整合积极与消极趋向心理健康范式的思路．内蒙古师范大学学报（哲学社会科学版），2009（2）．

［58］褚松燕．公众信心聚散机理与重塑对策．人民论坛，2013（5）．

［59］戴星翼．外来人口长期居留的 LOGIT 模型分析．南方人口，2003（4）．

［60］刁鹏飞．中产阶级的社会支持网：北京和香港的比较．北京：社会科学文献出版社，2010.

［61］丁水木．社会心态研究的理论意义及其启示．学术季刊，1996（1）．

［62］丁元竹等．我国居民社会心态跟踪分析与社会经济形势（2001～2002）．经济学动态，2002（2）．

［63］方金友．中产阶级的演变及社会功能．国外社会科学，2007（3）．

［64］风笑天．"落地生根"？——三峡农村移民的社会适应．社会学研究，2004（5）．

［65］弗洛伊德·西格蒙德．精神分析导论讲演．周泉等译．北京：国际文化出版社，2007.

［66］宫宇轩．社会支持与健康的关系研究概述．心理学动态，1994（2）．

［67］何建章．当代社会结构和社会分层问题．北京：中国社会科学出版社，1990.

［68］何雪松，陈蓓丽，刘东．上海青年农民工的压力与心理健康研究．当代青年研究，2006（11）．

［69］胡海燕．高中生生活压力、应对方式及其与心理健康的关系研究．安徽师范大学硕士学位论文，2005.

［70］胡金凤，郑雪，孙娜娜．压力对"蚁族"群体心理健康的影响：希望的调节作用．心理发展与教育，2011（5）.

［71］胡玉萍．留京，还是回乡：北京市流动人口迁移意愿实证分析．北京北京社会科学，2007（5）.

［72］华红琴，翁定军．社会地位、生活境遇与焦虑．社会，2013（1）.

［73］华金·阿朗戈．"移民研究的评析"．国际社会科学杂志（中文版），2001（8）.

［74］黄希庭．人格心理学．杭州：浙江教育出版社，2002.

［75］季福田．菏泽市城市居民信心指数调查与思考．经济研究导刊，2008（4）.

［76］江光荣，靳岳滨．中国青少年生活事件检查表编制报告．中国临床心理学杂志，2000（1）.

［77］江光荣．关于心理健康标准研究的理论分析．教育研究与实验，1996（3）.

［78］江光荣．关于心理健康标准研究的理论分析．教育研究与实验，1996（3）.

［79］江立华．城市性与农民工的城市适应．社会科学研究，2003（5）.

［80］井世洁．初中学生的应付方式与心理健康的相关研究．宁波大学学报（教育科学版），2001（4）.

［81］赖特·米尔斯．白领——美国的中产阶级．周晓虹译．杭州：浙江人民出版社，1987.

［82］雷开春．城市新移民的社会认同研究．上海大学博士学位论文，2008.

［83］雷开春．白领新移民与本地居民的社会支持关系及影响因素．青年研究，2008（9）.

［84］雷开春．城市新移民社会资本的理性转换．社会，2011（1）.

［85］李春玲．中产阶级的社会政治态度．探索与争鸣，2008（7）.

［86］李春玲．寻求变革还是安于现状——中产阶级社会政治态度测量．社会，2011（2）.

［87］李春苗．群体信心与经济社会发展的互动．人民论坛，2013（5）.

［88］李汉林．要注重和加强社会景气和社会信心的研究．中国社会科学报，

2012 年 12 月 31 日，第 A02 版．

［89］李汉林．社会景气调查：决策的一个依据．北京日报，2013 年 1 月 21 日，第 020 版．

［90］李江涛．流动人口对广州社会的适应程度调查．岭南学刊，1999（3）．

［91］李磊．学生心理应对能力研究．南京航空航天大学学报（社会科学版），2000（3）．

［92］李明欢．20 世纪西方国际移民理论．厦门大学学报（哲学社会科学版），2000（4）．

［93］李培林等．社会冲突与阶级意识．北京：社会科学文献出版社，2005．

［94］李培林．建设和谐社会应注意社会心态的变化．中国党政领导干部论坛，2005（9）．

［95］李培林．社会流动与中国梦．经济导刊，2005（3）．

［96］李强．关于中产阶级和中产阶层．中国人民大学学报，2002（2）．

［97］李强．社会支持与个体心理健康．天津社会科学，1998（1）．

［98］李强．转型时期的中国社会分层结构．黑龙江：黑龙江人民出版社，2002．

［99］李瑞娥，张慧芳．信心、信任与信誉：和谐社会的制度资本．西安交通大学学报（社会科学版），2007（1）．

［100］李晓玉．消费者信心指数的编制及应用．统计教育，2004（5）．

［101］李友梅．结构中的"白领"及其社会功能——以 20 世纪 90 年代以来的上海为例．社会学研究，2005（6）．

［102］连连．萌生：1949 年前的上海中产阶层：一项历史社会学的考察．北京：中国大百科全书出版社，2009．

［103］梁宝勇，黄盈，马丽莉．中学生生活应激评定量表的初步编制．中国心理卫生杂志，2002（5）．

［104］梁宝勇．心理应激与应激的一体化概念．医学与哲学，1986（8）．

［105］林南，恩塞尔．生活压力与健康．谈谷铮译．现代外国哲学社会科学文摘，1991（5）．

［106］林嵩．结构方程模型原理及其 AMOS 应用．武汉：华中师范大学出版社，2008．

［107］刘东．结构性制约与精神健康——基于上海外来人口的实证研究．华

东理工大学学报（社会科学版），2001（1）.

［108］刘林平，郑广怀，孙中伟. 劳动权益与精神健康——基于长三角和珠三角外来工的问卷调查. 社会学研究，2011（4）.

［109］刘贤臣，等. 青少年压力性生活事件和应对方式研究. 中国心理卫生杂志，1998（1）.

［110］刘欣. 中国城市的阶层结构与中产阶层的定位. 社会学研究，2007（6）.

［111］刘艳飞. 刍议金融危机下市民社会信心提升——以福州市为例. 福州党校学报，2009（6）.

［112］刘玉照. "移民化"及其反动——在上海的农民工与台商"反移民化"倾向的比较分析. 探索与争鸣，2005（7）.

［113］陆芳萍. 上海市女性劳动力移民的社会适应过程研究：女性主义视角下的个案研究. 华东师范大学硕士学位论文，2005.

［114］陆淑珍. 城市外来人口社会融合研究. 中山大学博士学位论文，2012.

［115］罗洛·梅. 焦虑的意义. 朱侃如译. 桂林：广西师范大学出版社，2010.

［116］马德峰，李凤啸. 近十年来我国城市新移民问题研究述评. 学术界，2010（1）.

［117］马广海. 论社会心态：概念辨析及其操作化. 社会科学，2008（10）.

［118］马克思. 马克思恩格斯选集（第1卷）. 北京：人民出版社，1972.

［119］马清. 反移民化：社会资本与社会结构的双向契合——以上海市劳动力新移民的社会适应为例. 华东师范大学硕士学位论文，2007.

［120］麦格. 族群社会学. 祖丽亚提·司马义译，北京：华夏出版社，2007.

［121］潘毅. 开创一种抗争的次文体：工厂里一位女工的尖叫、梦魇和叛离. 社会学研究，1999（5）.

［122］裴玉敏. 蚁族生活压力结构及相关研究. 河南大学硕士学位论文，2011.

［123］皮亚杰. 心理学与认识论——一种关于知识的理论. 袁晖，郑卫民译. 天津：求实出版社，1988.

［124］钱超英．身份概念与身份意识．深圳大学学报（人文社会科学版），2000（2）．

［125］钱超英．自我、他者与身份焦虑：论澳大利亚华人文学其文化意义．暨南学报（哲学社会科学版），2000（4）．

［126］青连斌．信心：21 世纪前期中国发展的指示器．科学社会主义，2002（3）．

［127］任远，戴星翼．外来人口长期居留的 LOGIT 模型分析．南方人口，2003（4）．

［128］任远．"逐步沉淀"与"居留决定居留"——上海市外来人口居留模式分析．中国人口科学，2006（3）．

［129］任远．谁在城市中逐步沉淀了下来？——对城市流动人口个人特征及居留模式的分析．吉林大学社会科学学报，2008（4）．

［130］塞缪尔·亨廷顿．我们是谁？美国国家特征面临的挑战．北京：新华出版社，2005．

［131］沈晖．当代中国中间阶层认同研究．北京：中国大百科全书出版社，2007．

［132］孙明霞．2004～2008 年菏泽市城市居民社会信心走势的调查分析．科技情报开发与经济，2009（10）．

［133］孙秀林，陈群民，李显波．上海外来白领生活压力与社会信心调查．科学发展，2012（8）．

［134］孙秀林，雷开春．上海市新白领的政治态度与政治参与．青年研究，2012（4）．

［135］覃明兴．移民的身份建构研究．浙江社会科学，2005（1）．

［136］唐斌．"双重边缘人"：城市农民工自我认同的形成及社会影响．中南民族大学学报（人文社会科学版），2002（8）．

［137］唐利平．"边际人"心态及其影响因素：三峡农村跨省外迁移民的实证研究．中国人口科学，2005（2）．

［138］田凯．关于农民工的城市适应性的调查分析与思考．社会科学研究，1995（5）．

［139］童星，马西恒．敦睦他者与化整为零：城市新移民的社区融合，社会学研究，2008（1）．

［140］汪国华．新生代农民工文化适应的内在逻辑、系统抑或构架．调研世

界，2009（10）.

［141］王甫勤．新的社会阶层的阶层地位与社会态度．重庆社会主义学院学报，2008（4）.

［142］王济川，郭志刚．Logistic 回归模型——方法与应用．北京：高等教育出版社，2001.

［143］王丽萍．和谐社会建设中城市居民社会信心的发展状况研究．理论学刊，2007（12）.

［144］王卫东．结构方程模型原理与应用．北京：中国人民大学出版社，2010.

［145］王秀纯．杭商的工作压力、幸福感和心理健康．杭州师范大学硕士论文，2012.

［146］威廉·托马斯，弗洛里安·兹纳涅茨基．埃利·扎列茨基选编．张友云译．身处欧美的波兰农民．上海：译林出版社，2000.

［147］韦有华，汤盛钦．几种主要的应激理论模型及其评价．心理科学，1998（4）.

［148］文军．论我国城市劳动力新移民的系统构成及其行为选择．社会学研究，2005（1）.

［149］翁定军．冲突的策略：以 S 市三峡移民的生活适应为例．社会，2005（2）.

［150］吴明隆．结构方程模型——AMOS 的操作与应用（第 2 版）．重庆：重庆大学出版社，2010.

［151］吴忠民．中国为何弥漫着社会焦虑．学习时报，2011 - 06 - 13.

［152］郗杰英．新白领（上、下）：当代热门职业青年报告．北京：中国档案出版社，2001.

［153］夏建中．社会分层、白领群体及其生活方式的理论与研究．北京：中国人民大学出版社，2008.

［154］肖文涛．中国中间阶层的现状与未来发展．社会学研究，2001（3）.

［155］谢宇．回归分析．北京：社会科学文献出版社，2010.

［156］邢占军，张羽．社会支持与主观幸福感关系研究．社会学研究，2007（6）.

［157］邢占军．关注我省城乡居民的信心指数．发展论坛，2003（12）.

［158］许传新．新生代农民工的身份认同及影响因素分析．学术探索，2007

（6）．

[159] 杨菊华．从隔离、选择融入到融合：流动人口社会融入问题的理论思考．人口研究，2009（1）．

[160] 杨善华，谢立中．西方社会学理论．北京：北京大学出版社，2006．

[161] 杨雄．上海"白领"青年职业生活调查．青年研究，1999（6）．

[162] 杨彦平．社会适应心理学．上海：上海社会科学院出版社，2010．

[163] 杨宜音．个体与宏观社会的心理关系：社会心态概念的界定．社会学研究，2006（4）．

[164] 杨宜音．社会心态形成的心理机制及效应．哈尔滨工业大学学报（社会科学版），2012（6）．

[165] 杨云彦．我国人口迁移研究的回顾、总结与讨论．人口与经济，1998（1）．

[166] 余瑞雪．提高政府信用是增强社会信心的基石．中国改革报，2009（6）．

[167] 约瑟夫·熊彼特．资本主义、社会主义与民主．北京：商务印书馆，2000．

[168] 张春兴．现代心理学．上海：上海人民出版社，1994．

[169] 张海波，童星．被动城市化群体城市适应性与现代性获得的自我认同——基于南京市 561 位失地农民的实证研究．社会学研究，2006（2）．

[170] 张继焦．城市的适应：迁移者的就业与创业．北京：商务出版社，2004．

[171] 张结海．外地白领移民上海文化适应影响因素研究．社会科学，2011（11）．

[172] 张文宏，雷开春．城市新移民社会融合的结构、现状与影响因素分析．社会学研究，2008（5）．

[173] 张文宏．中国城市的阶层结构与社会网络．上海：上海人民出版社，2006．

[174] 张翼．中国城市社会阶级阶层冲突意识研究．中国社会科学，2005（4）．

[175] 张展新，高文书，侯慧丽．城乡分割、区域分割与城市外来人口社会保障缺失——来自上海等五城市的证据．中国人口科学，2007（6）．

[176] 赵丽丽．城市女性婚姻移民的社会适应和社会支持研究．上海大学博

士学位论文，2008.

［177］赵文等．城市青年移民生存发展状况调查及思考——以"新上海人"为例．理论月刊，2011（1）．

［178］赵延东．社会网络与城乡居民的身心健康．社会，2008（5）．

［179］周晓虹．中国中产阶级：现实抑或幻象．天津社会科学，2006（2）．

［180］周晓虹．再论中产阶级：理论、历史与类型学．社会，2005（5）．

［181］周聿峨，阮征宇．当代国际移民理论研究的现状与趋势．暨南学报（哲学社会科学版），2003（2）．

［182］朱从书．关于中小学教师职业压力及压力源研究．北京师范大学发展心理研究所硕士学位论文，2001.

［183］朱力．从流动人口的精神文化生活看城市适应．河海大学学报（哲学社会科学版），2005（3）．

［184］朱力．公众信心聚散的社会心理学解读．人民论坛，2013（5）．

［185］朱力．论农民工阶层的城市适应．江海学刊，2002（6）．

［186］朱力．中外移民社会适应的差异性与共同性．南京社会科学，2010（10）．